资助项目：
2013年度教育部人文社会科学研究专项任务项目（项目编号：13JD710028）
北京市属高校人才强教计划中青年骨干项目（项目编号：PHR201108255）

大学生生命伦理与健康教育

胡　飒◎编著

知识产权出版社
全国百佳图书出版单位

图书在版编目（CIP）数据

大学生生命伦理与健康教育/胡飒编著. —北京：知识产权出版社，2015.4

ISBN 978-7-5130-3033-5

Ⅰ.①大… Ⅱ.①胡… Ⅲ.①大学生-健康教育 Ⅳ.①G479

中国版本图书馆 CIP 数据核字（2014）第 225929 号

内容提要

教育的目的应当是向人传递生命的气息，生命是教育的根本出发点，生命个体的自由全面发展是教育的终极目标。可是我们强调附着在生命上的各种名利时，却忘记了教育的真谛和要义。本书针对大学生的生理和心理特点，从解读生命入手，界定生命的内涵和特点，介绍中外关于生命的基本观点；阐述当前我国高校生命伦理与健康教育的现状及其式微的原因。分析指出了当前大学生对待性和婚育、对待生活和对待死亡的态度和现状，突出强调了对大学生加强性教育、健康生活教育和死亡教育的必要性和紧迫性；并对大学生生命伦理与健康教育的实施进行了有益的思考。

责任编辑：张水华　　　**责任出版**：刘译文

大学生生命伦理与健康教育

胡　飒　编著

出版发行：	知识产权出版社有限责任公司	**网　　址**：	http：//www.ipph.cn
社　　址：	北京市海淀区马甸南村 1 号	**邮　　编**：	100088
责编电话：	010-82000860 转 8389	**责编邮箱**：	miss.shuihua99@163.com
发行电话：	010-82000860 转 8101/8102	**发行传真**：	010-82000893/82005070/82000270
印　　刷：	保定市中画美凯印刷有限公司	**经　　销**：	各大网上书店、新华书店及相关专业书店
开　　本：	787mm×1092mm　1/16	**印　　张**：	13
版　　次：	2015 年 4 月第 1 版	**印　　次**：	2015 年 4 月第 1 次印刷
字　　数：	200 千字	**定　　价**：	42.00 元

ISBN 978-7-5130-3033-5

目 录

第1章　生命的解读

世界上最困难而又最重要的事就是热爱生命，即使在饱受生命不公的境遇下仍然热爱它，因为生命是你的全部，是你的上帝，热爱生命就是热爱我们的主。

——托尔斯泰

宇宙浩渺，生命是其中的美丽元素，而人的生命是这美丽元素之中的智慧明珠。随着人类科学技术的进步，生命之谜在一步步被我们揭开，但是这远远不是生命故事的全部。只有从科学、人文、心理、社会等多个角度解读生命（当然是人的生命），我们才能深刻体会到生命对于每个人来说都是唯一的、神圣的、不可逆的、有限的，而且弥足珍贵！

1.1　什么是生命

什么是生命？从生物学的角度而言，生命是由高分子的核酸蛋白体和其他物质组成的生物体所具有的特有现象，能利用外界的物质形成自己的身体和繁殖后代，按照遗传的特点生长、发育、运动，在环境变化时常表现出适应环境的能力。[1] 恩格斯认为生命是蛋白体的存在方式，这个存在方式的基本因素在于它和周围的外部自然界

---

[1] 辞海［M］．上海：上海辞书出版社，1999：2085.

不断地新陈代谢，而且这种新陈代谢一旦停止，生命就随之停止，结果便是蛋白质的分解。[1] 据此有人说生命就是一堆碳水化合物和DNA分子的组合，是原子和分子的堆积体。从这个角度来说人的生命是自然生成的生命体，是自然界长期演化的产物，也是男女两性结合、自然繁衍的产物。当然人的生命不仅是一堆碳水化合物和DNA分子的组合，而且还是肉体与精神、心理的统一体，是生命存在、生命质量与生命价值的统一体。人不仅是自然生成物，还是有灵魂的智慧生命。"自然生命是价值生命的载体，价值生命是自然生命的灵魂，舍弃两者中的任何一个，生命都是不完整的。"[2]

1.2 生命的特征

1.2.1 生命具有自然性

生命具有自然性是对宇宙间所有生命而言的，当然也包括人。"人直接是自然的存在物……而且是作为有生命的自然存在物。"[3] 人是一个自然存在物，是整个自然界的一部分，也是自然界的物种之一。人的自然属性是指人在生物学和生理学方面的特点，即人的生理构造和自然本能。人有与某些高等动物相类似的身体结构，人有吃、喝、拉、撒、睡等自然需要，人有生、老、病、疼、死等自然过程。"一切人类生存的第一个前提也就是一切历史的第一个前提，这个前提就是：人们为了能够创造历史，必须能够生活。但是为了生活，首先就需要衣、食、住以及其他东西。"[4] 总之，人的一

---

[1] 恩格斯．自然辩证法［M］．北京：人民出版社，1971：277.

[2] 冯建军．简论学校教育中的生命关怀［J］．教育评论，2003（2）：6.

[3] 马克思，恩格斯．马克思恩格斯全集：第42卷［M］．北京：人民出版社，1979：167.

[4] 马克思，恩格斯．马克思恩格斯全集：第3卷［M］．北京：人民出版社，1960：31.

切首先得服从生物规律，这些都体现了人的自然属性。人无疑是“具有自然力和生命力，是能动的自然存在物；这些力量作为天赋和才能、作为欲望存在于人身上”❶。恩格斯指出，“我们每走一步都要记住：我们统治自然界，决不像征服者统治异族人那样，决不是像站在自然界之外的人似的，——相反地，我们连同我们的肉、血和头脑都是属于自然界和存在于自然之中的；我们对自然界的全部统治力量，就在于我们比其他一切生物强，能够认识和正确运用自然规律”❷。

一个人从出生到死亡是一个完整的人生历程，有生必有死，生死是自然生命不可抗拒的规律。也就是说，生命的存在是有限的，是有时间长度的。所以我们应该珍惜生命，而不是挥霍生命，更不应该伤害或者放弃生命。一旦生命的终点到来，即使我们有千般不舍、万般无奈，我们也会被死神毫不犹豫地带走。所以在有限的生命里，不能等闲白了少年头，老大徒伤悲，然后发出“逝者如斯夫”的慨叹！而应该拥有“多少事，从来急，天地转，光阴迫，一万年太久，只争朝夕”的积极人生态度。

1.2.2　生命具有社会性

人首先是一个自然存在物，但是这远远不是人的生命的全部，社会性是人类生命的本质，是人之所以为人的必要条件。“人是最名副其实的社会性动物，不仅仅是一种合群的动物，而是只有在社会

---

❶ 马克思，恩格斯．马克思恩格斯全集：第42卷［M］．北京：人民出版社，1979：167.

❷ 马克思，恩格斯．马克思恩格斯全集：第4卷［M］．北京：人民出版社，1979：383－384.

中才能独立的动物。”❶ 也就是这个决定了最像人类的黑猩猩也只能是动物，尽管它和人类基因之间的相似度达到98.8%，而那0.2%的差异决定了人类和黑猩猩站在两个不同的世界。如恩格斯所言：“一切动物的一切有计划的行动，都不能在自然界上打下它们的意志的印记。这一点只有人才能做到。一句话，动物仅仅利用外部自然界，单纯地以自己的存在来使自然界改变；而人则通过他所作出的改变来使自然界为自己的目的服务，来支配自然界。这便是人同其他动物的最后的本质的区别。”❷ 人类在改造自然界为自己服务的同时，与自然界、与他人之间产生了各种复杂的关系，构成了复杂的社会图景，人在其中改变了自己，也发展了自己。“人们在生产中不仅仅同自然界发生关系。他们如果不以一定的方式结合起来共同活动和互相交换其活动，便不能进行生产。为了进行生产，人们便发生一定的联系和关系；只有在这些社会联系和社会关系的范围内，才会有他们对自然界的关系，才会有生产。”❸ 人也就是生活在各种社会联系和社会关系之中。正如雅斯贝尔斯指出：“毋庸置疑，生命是完整的……只有经过对生命来说合适的内在联系，生命才是完整的。”❶ 因此，人的本质是一切社会关系的总和。

1.2.3 生命具有精神性

自然赋予人类肉体生命，这是生命存在的物质基础和载体。可

---

❶ 马克思，恩格斯．马克思恩格斯全集：第12卷［M］．北京：人民出版社，1962：734.

❷ 马克思，恩格斯．马克思恩格斯全集：第20卷［M］．北京：人民出版社，1971：518.

❸ 马克思，恩格斯．马克思恩格斯全集：第6卷［M］．北京：人民出版社，1961：486.

❶ 雅斯贝尔斯．什么是教育［M］．邹进，译．北京：生活·读书·新知三联书店，1991：37.

贵的是，在后天的成长过程中，人还会有精神生命，精神生命是生命的升华，它赋予人灵性、灵魂和人格。古希腊哲学家亚里士多德认为生物与非生物的区别在于精神、灵魂是否存在，人是理性的动物。孟子说“人之异于禽兽者几稀”，“几稀”正是因为人是理性的。正因为如此，在满足人最基本的基于本能的自然需求之外，人还会有更高层次的精神生活，比如对“人为什么活着”“人应该怎样活着”一类问题的思考。人对生命活动的意识和反思构成生命的意义。人的生命是一种追求意义的存在，探索有意义的存在是生存的核心。“人生的过程，就是生命个体不断追求生命意义、实现生命发展的过程。人是不会满足于生命的本能生活，总要利用这种自然的生命去创造生活的价值和意义。法国17世纪伟大的思想家帕斯卡尔有一段名言：人只是芦苇，自然界中最脆弱的生命，但却是会思想的芦苇。要想毁灭他无需动用整个宇宙的力量，一缕烟气，一滴水，便足以杀死他。但是，尽管宇宙会毁灭人，人依然比他的毁灭者更崇高。因为人明白他将死去，明白宇宙比他强大；而宇宙对此一无所知。人之为‘人’的本质，应该说就是一种意义性存在、价值性实体。人的生存和生活如果失去意义的引导，成为‘无意义的存在’，那就与动物的生存没有两样，这是人们不堪忍受的。”❶ 对人生“意义”的追寻对生命个体而言很重要，否则就会是饱食终日的、没有灵魂的行尸走肉，恰如臧克家先生所说的“有些人活着，他已经死了”！“如果教育只是客观传授知识学问、训练培养专精技术人员，从而失去了生命的关怀、意义的寻求以及人生视野的开拓，那么教育能提供的也许只能是一些‘没有受过教育的专家’，他们充

❶ 高清海．人就是“人”［M］．沈阳：辽宁人民出版社，2001：213.

其量只是一堆‘快乐的、技术纯良的机器人’。”❶“正是由于有了精神生命，才使人的自然生命有了人文意义和价值；正是由于有了精神生命，才使人的自然生命有了理性的意蕴和诗意的光辉；正是由于有了精神生命，才使人的自然生命蕴含着道德的升华和价值的情思；正是由于有了精神生命，才使人的自然生命超越了有限，走向了永恒。”❷ 生命的精神性标志了我们人类世界与自然界的天然分野，也成就了人类的“有些人死了，他还活着”。

1.2.4 生命具有超越性

在满足基本的或缺失性的需要的同时，人类绝不是饱食终日无所事事，生命的超越性使人类造就一个又一个辉煌。人的生命是一个不断开放和不断生成的过程，超越的意向和姿态决定了人生活在现实世界之中，不断寻求超越，不断前进，不断发展。“人的生命是有限的，但人的追求是无限的。生命是现实的，但人要在对未来的追求中否定现实。人正是在这种自我的否定中，实现着生命的超越。人渴望超越，也必须超越。超越人的肉身存在，超越生命的有限性，超越现实的存在，生命正是在超越中实现着价值的不断跃迁和提升，不断走向新的解放，生成新的自我。因此超越性是人生命的独特本质。”❸

人之所以孜孜不倦地追求世界的本原就是源于人的超越本性，表达了人超越现实的深邃和觉醒。从不满足于既有存在，总在追求

---

❶ 林治平．中原大学宗教学术研讨会论文集（一）［M］．台湾：台湾宇宙光出版社，2000：71.

❷ 潘玉芹．当代大学生生命道德教育研究［D］．南京：南京林业大学，2007.

❸ 冯建军．道德的生命性与生命化道德教育——基于尼采道德哲学的启示［J］．美中教育评论，2006（2）：34.

未来理想，这通常被称为人的“形而上学”本性。人类努力探索人类与宇宙的奥秘，比如对世界统一性的不懈追问和探索，并不是超然于人类历史活动之外的玄思和冥想，而是企图通过对终极存在的认识，来奠定人类自身在世界中的安身立命之本，寻求人类存在的最高支撑点，从而实现对人类自身价值的终极关怀，来寻找人类的精神家园以此来安顿人的心灵。在一次次实现超越的过程中，人类享受着心灵自由飞翔的快乐、欣慰和满足。

哲学家弗洛姆曾说人只有实现自己的个性，才能正视整个人类普遍的经验。人一生的任务恰恰是既要实现自己的个性，同时又要超越自己的个性，达到普遍的经验这样一个充满矛盾的任务。人正是在这种既实现自己的个体生命，又超越自己的个体生命的过程中不断地走向成长、走向发展、走向完善，实现和发扬自己生命的独特价值。作为以发展人、培养人、完善人为主要目的的生命教育就要义不容辞地承担起这一重要而又高尚的历史使命。

1.3　生命的三个维度

人的生命是一种关系的存在，生命是己—我、人—我、自然—我的网络关系中的一个核心点。生命的和谐就是这几重关系的和谐。面对自己要了解自我，悦纳自己，做到与自身的和谐；面对自然，要认识自然、尊重自然，做到与自然和谐相处；面对他人与社会，要协调沟通，做到与人和谐，与社会共生；使人之生命在与自身、自然、社会和他人的共生共长中达成和谐一致。

1.3.1　人与自己：真实地面对自我

从己—我关系来看，人首先要认识生命的独特性，认识自己并接纳自己，欣赏并尊重自己，发挥潜能做最好的自己，创造个体生命的意义。人的生命的意义，是靠自己去寻找和发现的。如果我们能够悦纳自己，处理好与自身的关系，即使我们处于生命的低谷，我们也能活得阳光灿烂。如果我们不能正确地处理与自己的关系，就会或者过分地自恋，导致自负、骄傲和目空一切；或者毫无原则地否定自己、讨厌自己，导致自虐，人格分裂，怨天尤人，满身戾气伤害自己或者伤害他人。

台湾有一位叫做黄美廉的画家，她自小就患脑性麻痹症，因此肢体失去了平衡感，也没有发声讲话的能力。但是，她没有被身体的残疾和别人异样的目光打倒，她不懈努力，终于获得美国加州大学艺术博士学位。有人问她："请问你怎么看你自己？你从来没有怨恨吗？"对此问题，黄美廉列出了一张让人动容的清单：

一、我好可爱！

二、我的腿很长很美！

三、爸爸、妈妈这么爱我！

四、上帝这么爱我！

五、我会画画！我会写稿！

六、我有只可爱的猫！

……

同时她还写下这样一句话：我只看我拥有的，不看我没有的。压伤的芦苇，她不折断。将残的灯火，她不吹灭。以真诚不自欺的心态真实勇敢地面对自我，她是多么积极地悦纳自己！也只有这样，每个人才能活出自己的个性。也正是这样的坚持和悦纳自我，人们才能在人类历史上留下浓重的一笔。

无独有偶，被誉为"宇宙之王"的英国著名科学家史蒂芬·威廉·霍金，曾6次与死神博弈，最终都顽强地活了下来。一次演讲结束后，有记者问到：病魔将您永远固定在轮椅上，你不认为命运让你失去太多了吗？霍金的脸上充满了笑意，用他还能活动的3根手指，艰难地敲击键盘后，向世人展示了他的心声：

一、我的手指还能活动；

二、我的大脑还能思维；

三、我有终生追求的理想；

四、我有爱我的和我爱的亲人和朋友！

在回答完那个记者的提问后，他又艰难地打出了第五句话："对了，我还有一颗感恩的心！"现场顿时爆发出雷鸣般的掌声……的确，用霍金自己的话来说，活着就有希望，人永远不能绝望！即使病魔把霍金关在果壳中，他也能让这方寸之地大放异彩。

每个人的生命都有其存在的价值和意义，每个人都有权利和义务去发展和丰富自己的人生，形成、实现和发扬自己生命的独特价值。有一个生活在孤儿院的男孩常常悲观地问院长："像我这样没有人要的孩子，活着究竟有什么意思呢?"院长交给男孩一块石头，说："明天早上，你把这块石头拿到市场上去卖，但不是'真卖'，记住，不论别人出多少钱，绝对不能卖。"第二天，男孩蹲在市场角落，意外地，竟然有好多人要向他买那块石头，而且价钱越出越高。回到孤儿院，男孩兴奋地向院长报告。院长笑笑，要他第二天再把石头拿到黄金市场去卖。在黄金市场，竟有人愿意出比昨天高10倍的价钱买那块石头。最后，院长叫男孩把石头拿到宝石市场上去展示。结果，石头的身价比前一天又涨了10倍。由于小男孩的"惜售"，那块石头竟被传成一块"稀世珍宝"。男孩兴冲冲地捧着石头回到孤儿院，将这一切告诉了院长。院长望着男孩，说道："生命的价值就像这块石头一样，在不同的环境下就会有不同的意义，一块不起眼的石头，由于你的珍惜它的价值被提升了，被说成稀世珍宝。你不就像这石头一样吗?"这个故事告诉我们每个生命都有存在的价值和意义，但是首先需要我们自己看中自己，自我珍惜，如此生命的意义和价值才有绽放的平台和基础。生命的价值和意义是在生命延续的过程中得以展现的，所以要重视生命的每一个过程。卡西尔曾说：“人被宣称为应当是不断探究他自身的存在物——一个在他生存的每时每刻都必须查问和审视他的生存状况的存在物。人类生活的真正意义，恰恰就在这种审视中，存在于这种对人类生活的批判态度中。”❶

在人—己关系中，除了强调悦纳自己、认同自我，健康的身体、丰富又不失理性的情感、活跃坚强的意志力、明辨是非的能力等是一个健康健全的人所必须具有的。如果缺失任何一个方面，生命就会呈现残缺，或者会成为冷血的人形动物；或者容易迷失在忧郁、恐惧等某种极端情绪中；或者会成为聪明的木头人；或者会成为专横之人。也许有些人仍然能够绽放人生的灿烂之花，但要付出巨大的代价。

但是有一点必须强调，那就是狂妄自我、本位主义的自我与真正的悦纳自我是根本不同的。存在主义大师萨特主张自由，主张坚持自己的意志，摆脱其他人加诸于我们的期望，忠实于自己的本质，甚至成为不被社会接受的人也没什么不可以，所谓“走自己的路，让别人去说吧”。这种不接受任何既定人类规范的虚无主义主张，对年轻人的影响很大。许多年轻人正处于生命之花怒放的时期，却呻吟着生命没有意义，从而游戏人生；或者放任自己的负面情绪，从绝望的角度定义人生，给自己、家人和社会带来多少伤痛！悦纳自我绝不是自绝于他人与社会之外，绝不是“意识到他人，就是意识不到自己的部分”。真实的认识自我应该是如儒家的修身之言：穷则独善其身，达则兼济天下。

小资料：培养积极的自我认同感

自我认同最大的敌人：自卑心理

---

❶ 卡希尔．人论［M］．甘阳，译．上海：上海译文出版社，1985：8.

自卑心理源于心理上的一种消极自我暗示，是对“自己不如他人”的确信。这可能是因为本身性格内向造成的，也有可能是长期环境压抑所致。

如何克服自卑心理：正视自己

要预防和克服自卑心理，首先要敢于正视自己。这表明，既要肯定自己的长处，又要认清自己的短处，同时还要认识到人无完人，每个人都有自身的优缺点，大可不必自惭形秽。

积极的心理暗示：自我鼓励

心理暗示是一种很好的自我心理疗法，有不错的效果。对于有自卑心理的同学来说，要树立积极的自我认同感，一定要学会进行自我鼓励。

比如考试前对自己说：我有能力做好的，不用担心；只要我认真去做，一定会成功。在考试过程中不断强化这一暗示，就会增强自信、克服自卑心理带来的负面影响。

学校组织活动：强化学生自我认同

学校可以邀请专业的心理老师，开展类似“优点轰炸”“喊出自信”“能说会道”等心理辅导活动，帮助学生取得更好的自我认同，从而消除自卑，更好地认识自己。

1.3.2 人与他人：他者即自己

人与他人、人与社会休戚与共。人是社会中人，社会是由一个个生命个体（也可以说是一个个其他人）组成，没有人就没有社会，当然一个人离开了社会也就不是一个真正的人。“人的本质并不是单个人所固有的抽象物。在其现实性上，它是一切社会关系的总和。"❶ 现代社会人与他人从根本上说是平等关系。正如雅斯贝尔斯所说："人与人的交往是双方（我与你）的对话和敞亮，这种我与你的关系是人类历史文化的核心。可以说，任何中断这种我和你的对话关系，均使人类萎缩。"❷ 所以说要尊重他人、关怀他人、与他人和谐共处。尽管无论是中国还是外国，基于历史和道德的因素，有一系列的规则定义人与他人、人与社会的关系秩序，但这也恰恰证明了人是一种关系性的存在。没有他，也就无所谓个人；没有他者，人们注定无法独活。

有这样一则寓言：有一天，一个人来到上帝那里，要和上帝讨论天堂和地狱的问题。上帝对那人说："好吧，我让你看看什么是地狱。"他们走进一个房间，房间里有一大群人正围着一大锅肉汤，但每个人看起来都营养不良，饥饿而且绝望。原来，虽然他们手里都拿着一个可以伸到锅里的汤勺，但汤勺的柄比他们的手臂还长，他们没法把汤送进自己嘴里。上帝又对那人说："来吧，我让你看看什么是天堂。"他们走进另一个房间。这个房间里的一切都和上一个房间一模一样，还是一群人，一锅汤，一样的长柄汤勺。唯一不同的是：大家都在快乐地唱歌。那人就问上帝："我不懂，为什么一样的环境和条件，他们快乐，而那个房间里的人却悲苦？"上帝微笑着慈爱地回答："我的孩子，这很简单，因为在这里，大家都在喂别人，而在那里，他们只喂自己。"这则寓言故事形象地说明了一个道理：只顾自己的人们坠落地狱；顾念他人的人们则享受天堂。

"顾念他人"需要相应的规则来界定人与他人的界限，既不能太远也不能太近。太远会导致人们之间的冷漠，甚至冷酷；太近则可

---

❶ 马克思，恩格斯．马克思恩格斯选集：第1卷［M］．北京：人民出版社，1995：56.

❷ 雅斯贝尔斯．什么是教育［M］．邹进，译．北京：生活·读书·新知三联书店，1991：418.

能灼伤了自己和他人，扰乱彼此的生活。现代社会人与他人的关系中，人们基于某种规则，秩序井然地生活着，小心谨慎地呵护着自己一亩三分地上的安宁和繁荣。人们在与他人的关系中追求一种安全的距离，类似于两只困倦的刺猬，由于寒冷而拥抱在一起。可因为各自身上都长着刺，于是它们不得保持一定的距离，但又冷得受不了，于是又凑到一起。几经折腾，两只刺猬终于找到一个合适的距离，既能互相获得对方的温暖而又不至于被扎，也就是保持一种礼貌的疏离才能料理好各自的生活。

当然若人与他人之间的“礼貌的疏离”被异化，则会变成道德冷漠，即对他人利益甚至他人生死的漠然态度，这是非常可怕的。比如2011年广州佛山街头曾经出现的小悦悦事件体现了路人的道德冷漠；而震惊全国的毒奶粉事件、毒大米事件、屡禁不止的地沟油现象等，这些造假贩假者、制假贩假者一再突破人的道德底线，在利益的追逐中迷失了自己。他们有一个共同的特点即对他人利益的肆意践踏，对他人生命安全的公然漠视。他们内心有一个声音在说：反正躺在地上的又不是我的什么人，反正这些有毒的东西我不会吃，我的家人也都不会吃！社会是一个巨系统，分工非常精细，每个生产者都只是社会大生产链条上的一个环节，现代社会一个人基本上没有办法料理自己的全部生活，所以必须交换，必须购买服务或者别的商品才能活下去。所以说，生产毒大米的人可以不吃自己的毒大米，可是也许就吃上了别人生产的地沟油，喝上了有毒牛奶，盖上了黑心棉的被子，喝进了被污染的水，住进了被污染的房子，他的孩子可能喝了含有三聚氰胺的奶粉等。说到底，貌似伤害的是别人，可最终自己也难逃厄运。所以说，在人与他人的关系中，在坚持“礼貌的疏离”的距离时，一定要顾念他人，因为他者就是自己。

小资料：测试题目[1]

几乎每一个人小时候都听过《灰姑娘》的童话故事

在下面的几段故事当中，你对哪一段印象最深？

a. 仙女施法力，让灰姑娘顿时换上漂亮的新衣

b. 灰姑娘乘车前往皇宫

c. 舞会中灰姑娘与王子翩翩起舞

d. 灰姑娘试穿水晶鞋，刚好合适

答案（仅供参考）：

a. 你习惯用金钱攻势，达到自己想要的目的。譬如你总是穿戴衣柜里最好的衣物，吸引大家的注意，你喜欢大家围在你身边的感觉，仿佛你就是个骄傲的公主。提醒你一句，不要过分迷恋外在的东西，应多充实自己。

b. 在朋友的眼中，你是一个开朗率直的人。平时也很热心助人，人缘还不错。而你的个性弱点是容易生气有极强的权力欲望，可能很容易与别人发生冲突，让大家对你的好印象毁于一旦，应该多注意。

c. 你很在意自己在别人心中的形象，所以会不知不觉地刻意表现自己，也可以说你是比较爱表现、爱出风头的，别人可能会觉得你的表现欲过强，而不想和你在一起，你应该留意自己的行为举止和待人方法。

d. 你喜欢与别人沟通和分享，不过有时候可能太过急躁。于是让别人觉得你有自作多情的倾向。建议你凡事要公平、理智，恰到好处。因为你以为好的，别人不一定这么认为，要多站在别人的立场上想一想。

---

[1] 刘海虎．阳光下盛开的玫瑰［M］．上海：中国福利会出版社，2005：99.

1.3.3 人与自然：共生共荣

对于人与自然共生共荣的关系，人类似乎从理论上认识得很深刻，可是在实践中却屡屡置自然的利益不顾。作为自然之子，千百年来，人类的所作所为却很伤自然母亲的身心。从产业革命开始，一系列公害问题便日益严峻地摆在人类面前。20 世纪著名的七大公害事件——美国洛杉矶光化学烟雾事件、伦敦烟雾事件、美国多诺拉烟雾事件、日本的四日市哮喘事件、水俣病事件、骨痛病事件和米糠油事件，不仅对环境造成了严重的污染，而且直接危害到了人类的健康。世界银行《2005 年世界发展指标》指出荒漠化正以每分钟 11 公顷的速度在地球表面蔓延，全世界将近 1 万种鸟类中的 12% 已受到伤害或濒临灭绝，4800 种哺乳动物中的 24% 和 30% 鱼类物种濒临灭绝。

世界人口在今后 25 年中将增加 20 亿。一方面，人类生活、工业生产所使用的石油及其他燃料排放到大气和自然中的结果是使全球变暖，而全球变暖的结果是使海平面升高。另一方面，近海修建密集的居住区，破坏了能减弱海浪的红树林和珊瑚礁，造成了沿岸居民抗灾、防灾能力的减弱。海啸、海浪和台风等自然的威力在脆弱的生态和人类面前比以往要强大得多。2013 年 9 月 27 日联合国政府间气候变化专门委员会在斯德哥尔摩审议并通过了关于气候变化科学基础的最新报告。报告显示，全球变暖证据确凿，海平面上升的速度在加快，北极冰融速度已经翻了一倍。如果温室气体的排放有增无减，地球将会面临不可想象的灾难。该报告重申，人类活动是全球气候变暖的主要因素。自 20 世纪 50 年代以来，人类活动对全球变暖的影响程度超过 95% 。这个数字比以往报告中的更高。该委员会于 1995 年、2001 年与 2007 年发布的三次评估报告中，这一数字分别是 50% 以上、66% 以上以及 90% 以上。

所以说建立生命共同体，寻求自然环境与人文环境的可持续发展迫在眉睫。很多时候我们以地球上最智慧的生物自居，俯视着地球上的其他物种，对它们屡取屡夺。可以肯定的是人类具有强大的能力从自然界获得自己想要的一切，可是，这得有一个前提，那就是自然环境能够为人类提供人类所需要的现成形式的物质和能量。如果环境不能提供给人类必需的物质和能量，生命就无法生存，从而走向灭亡。所以从这点来看，人类这个智慧物种没有足够的自主权，归根结底人类只是自然环境的一部分，受自然环境的影响，所以人类必须尊重其他物种，尊重自然环境。美国著名学者唐纳德·奥斯特说："在即将到来的时代里，生物性和活生生的动物要受到尊重。而且作为一种必然的结果，人类的自然观念也将重新回到丰富多样性、复杂神秘性，及其内在意义与价值的认识上去。"[1]"如果我们在观察一只苍蝇时能用友爱的目光，在探究一只虫子时能用尊重的目光，在注视山川河流时能用敬畏的目光，那么这世界怕也会因为我们的目光而温暖起来吧。"在巴黎的蒙玛特高地上能见到这样的场景：几位衣着朴素的老年妇女一边聊天，一边用面包和别的食物喂鸽子。这里的鸽子一只只都吃得肚皮溜圆，叽叽喳喳的麻雀夹在中间同鸽子争食。这时，一个戴着深色风帽的老人提着一只篮子慢吞吞地走来。只听"呼"的一声，所有的麻雀都朝这老人飞去，欢快地围着他上下翻飞，他把手一伸，令人惊异的事情发生了：那原来杂乱喧闹的雀群排成一条长长的队列，有秩序地飞到老者手中啄食，前面的衔走了食物，后面的立即跟上，不争、不乱、不惊、不闹。人与自然的亲密关系在这里得到了最美、最好的体现。[2]

---

[1] 唐纳德·奥斯特．自然的经济体系——生态思想史［M］．北京：商务印书馆，1999：370.

[2] 刘海虎．阳光下盛开的玫瑰［M］．上海：中国福利会出版社，2005：31.

“天地与我并生，而万物与我为一”，就是说，天地、万物、人是一个生命有机体，我们应该爱一切人和一切物。对大学生开展生命关系的教育，应该让大学生认识到，人类与其他生物处在一个有机体中，有着相互依存、相互制约的生态关系，大家应该遵循“诺亚原则”来保证各种物种延续下去，“我们不要过分陶醉于我们人类对自然界的胜利，对于每一次这样的胜利，自然界都对我们进行报复”。[1] 史怀哲说：“过去那套只关心我们与其他人关系的价值系统是不完全的，所以会缺乏向善的原动力，只有立足于‘敬畏生命’这一观点，我们才能倾其所爱，与这个世界的其他生命建立一个灵性的、人性的关系。”因此，对大学生开展生命关系的教育应该将“大生命”观作为一种世界观和方法论传授给学生，积极培养大学生对所有生命的敬畏，以大爱境界关注所有生命的价值，正确处理好与自然的关系。

1.4　生命观

1.4.1　西方生命观

西方的生命观在不同的历史时期有不同的特点，但总的来说与西方的个人主义传统一脉相承，都是从理性与非理性的角度探讨生命的价值和意义。古希腊时期苏格拉底是第一个“把人们的眼光从天上拉到地上，从自然引回人事”的哲学家。他提出了“认识你自己”“要做自己的主人”等伦理学命题。他认为真正有意义、有价值的生命在于道德上的“善”。一个人的生命光辉在大多数情况下是由于道德的高尚带来的。苏格拉底强调反思人生，他说过“未经思

---

[1] 马克思，恩格斯．马克思恩格斯选集：第4卷［M］．北京：人民出版社，1995：303.

考过的生活不值得活”“思本身即是最高之生命”，强调的就是人要对自己的人生、自己的生命不断地进行反思，以寻求生命的意义和生活的价值。如果一个人不对自己的生活、生命进行反思，而是浑浑噩噩、得过且过地混日子，那么他的人生就是悲哀的，他的生命就失去了自身的光彩。他主张人们通过对生活和生命的反思，不断地去追求更加美好的幸福生活。“生活得最好的人是那些努力研究如何能生活得最好的人；最幸福的人是那些意识到自己是在越过越好的人。”[1] 苏格拉底对死亡也有独特的见解，他的死在哲学史上留下了美誉。他勇敢地“饮鸩而亡”的行为向世人昭示了生命的价值在于维护真理。虽然苏格拉底最终选择了死亡，但是他对自杀却持明确的反对态度，他认为自杀有悖于自我意志，人应该学会做自己的主人。他认为，凡有哲学精神的人，都会心甘情愿去死，但不会去自杀，因为那样做是不正当的。

在中世纪基督教神学统治时期，人性遭到摧残，欲望受到压抑，而所谓的理性臣服于上帝的旨意取得了崇高的地位。人由上帝所造，上帝是生命的起点。人的一切交给了神或上帝，人性由神性决定，人通过与上帝对话来完善自身，每个人的生命因为上帝而有着非凡的价值、意义及目的，生命的终极目标是回归上帝。伴随着的产物便是传统律法的强化，把上帝的旨意、基督教的戒条作为最高的道德和法律依据，强调人的行为必须遵循戒律，服从他律的支配。

文艺复兴后，人性复苏，冲散了神学的桎梏，人本主义思想开始抬头，人道主义思想兴起，人的生命、人的尊严、人的价值得到前所未有的重视和尊重。当代以非理性著称的代表人物前有尼采，后有柏格森、弗洛伊德等人，他们把人的生命活力、人的意志和人

---

[1] 色诺芬. 回忆苏格拉底［M］. 吴永泉，译. 北京：商务印书馆，1984：186.

的本能表述得淋漓尽致。

人文主义高扬人性，尊重人的个性，反对禁欲主义，提倡人的自然发展，肯定现世生活的价值。叔本华认为“哪儿有意志，哪儿就会有生命，有世界。所以就生命意志来说，它是拿稳了生命的；只要我们充满了生命意志，就无须为我们的生存担心”。[1] 叔本华认为人必然受到盲目的生命冲动的驱使，所以人生的痛苦是与生俱来的，痛苦和无聊是人生的最后两种成分。德国哲学家狄尔泰以一种历史文化哲学的思维方式解读生活、理解生命。他认为生命以及对生命的体验是对世界理解的生生不息永远流动的源泉，只有在对生命和社会的反映里，各种精神才获得他们的最高意义，他所建立的精神科学，实际上是“生命”的科学。法国哲学家帕格森说：“生命与其说是一种空间的存在，不如说是一种时间的存在，它不是位置，而是变化；它不是数量，而是质量；它不仅仅是物质与运动的重新分布，而且是流动的、执着的创造，是绵延。”[2] 生命的本质在于它的不可分割的时间性。法国思想家阿尔贝特·史怀泽以“敬畏生命”为核心构建了生命伦理思想。他认为一切生命都有生命意志，每个生命都值得敬畏。敬畏生命的原则不仅仅适用于人类，而应当适用于一切生命，人类应当像敬畏自己的生命一样去敬畏所有的生命。只有敬畏生命，每个人心中才会有敬畏生命的信仰，人类才能建立永久的和平。只有以敬畏生命的态度建立与其他生命的联系，人类才能与自然界的一切生命建立和谐的秩序。“敬畏生命的人，只是处于不可避免的必然性才伤害和毁灭生命，但从来不会由于疏忽而伤害和毁灭生命。在他体验到救援生命和使他避免痛苦、毁灭的

---

[1] 叔本华．作为意志和表象的世界［M］．石冲白，译．北京：商务印书馆，1982：377.

[2] 威尔·杜兰特．探索的思想［M］．朱安，等，译．北京：文化艺术出版社，1991：460.

欢乐时，敬畏生命的人就是一个自由人。”❶ 叔本华的无意识、盲目的生命冲动，尼采的把他人当成材料的权力意志，萨特的绝对自由的创造对自我本质的构建，弗洛伊德的源于本我、超越自我、达到超我的人生动力系统等理念可以说是个人主义的膨胀，他们所要实现的生命价值和意义与他人、与社会似乎没有关联，他们的生命思想与马克思主义生命价值观的分野尤其明显。❷

1.4.2 中国传统生命观

中国传统文化历来强调天人合一、形神相即的观念。所谓“天人合一”，就是把人与天地自然视为一体，天地为大宇宙，人为小宇宙，人的生命、生存、生活与天地自然密切相关，生老病死就犹如自然界的春夏秋冬时序变化，因而，人必须顺应自然的变化，以天地为本，与自然和谐相处。所谓“形神相即”，是强调人的生命是一个整体，肉体与精神密不可分，是刀刃与锋利的关系，身与心是一体的。因此，身心应平衡和谐，既要关注身体的健康，也要关注心灵与精神的安宁和愉悦。

儒家一贯重生、乐生，热爱生命与生活。如《论语·乡党》记载：“厩焚，子退朝，曰：伤人乎？不问马。”孔子强调“未知生，焉知死?”“未能事人，焉事鬼?”强调生命的价值。同时儒家亦重视“杀身成仁”“舍生取义”的道德选择及生命价值。儒家强调“乐知天命”，“不知命，无以为君子也”。只有知“天命”，人才能不惧困难，勇于前进，人的生命价值才能实现。“志士仁人，无求生以害仁，有杀身以成仁。”孔子提出“仁者爱人”，提倡爱不同阶层

---

❶ 阿尔贝特·史怀泽．敬畏生命［M］．陈泽环，译．上海：上海社会科学出版社，1992：133.

❷ 刘永利．马克思主义生命观及其当代意蕴研究［D］．衡阳：南华大学，2012：16.

的人。孟子强调："生亦我所欲也，义我所欲也，二者不可兼得，舍身而取义者也。"（《孟子·告子上》）杀身成仁、舍生取义激励了一代又一代人追求生命价值的绽放。

儒家的人生理想倡导立德、立功、立言三不朽。在生之时，人的全部精力和情怀都倾注于此，实现德、言、功的建构，其中深深蕴含着对死的关怀。宋代大儒张载一生淡泊名利，躬身力行，不断探索人生奥秘，积极入世，追求"为天地立心，为生民立命，为往圣继绝学，为万世开太平"。他对于死的关怀，也展现出儒学大师的气质。"富贵福泽，将厚吾之生也；贫贱忧戚，庸玉汝于成也。存，吾幸事；没，吾宁也。"这种活着乐天安命、死则宁静安然的生命态度值得人们效仿。

道家亦主张以生命为贵、以名利为轻的重生思想，为"世俗之君子，多舍身弃生以殉物"而痛惜不已。道家将保存生命看成第一要义，而且还创立了养生理论与方法，从而成为中华传统文化的瑰宝。在生死关系上，道家有自己独特的见解，庄子认为："死生，命也，其有夜旦之常，天也。人之有所不得与，皆物之情也。"❶ 强调生死是命中注定的，就如白天和黑夜一样，是自然规律、人力所不能为的。道家提出了方生方死、方死方生、生死一体、善生善死的思想，认为生死乃是天地自然的安排，人只要顺应自然即可，重要的是生命存在与生命质量。道家认为万事万物都会按照其本来的运行轨迹发展变化，我们人类应该顺应自然的运行轨迹，在顺应自然变化和社会人事规律的基础上生活生存。所以，道家反对一切不符合客观规律的"有为"，并提出"圣人处无为之事""无为而无不为"等处世哲学。庄子反对自杀，设计了种种养生保命的方案，还为世人在身处危境时设计了种种解脱方法。道家生命思想的主旨在

❶ 王先谦.《庄子集解》大宗师第六［M］. 北京：中华书局，1999：58.

于使现实世界中个体存在的自然生命得以保全和安顿，强调“全身避害”，并在此基础上，立足于天道自然，引导个体生命的精神超越世俗繁杂的束缚和肉体生命的限制，进而在与天地宇宙的沟通和感悟中，体验生命的快乐。[1]

释家坚信生命三世流转及六道因果轮回之理，认为人的际遇，幸与不幸，皆是阿赖耶识中所含藏善恶业种子引生的结果，而人的寿命长短亦然。人的肉体——物质部分，从婴儿诞生开始，接着是由幼年而少年、而青年、而壮年、而老年，念念不住，刹那生灭。今天之我，已非昨日之我；明天之我，又非今天之我。结果，匆匆数十寒暑，随其业力因缘，寿命长短，终归于尽。佛教主张善待万物和尊重生命。佛教对生命的关怀，集中体现在普度众生和反对杀生的慈悲情怀上；认为杀生是最大的恶，是要遭报应的，在因果报应观的基础上，佛教旗帜鲜明地反对人类自杀和杀他。佛教生命思想的根本精神在于引导和教育人们超越现实的矛盾，化解人生的痛苦，寻找生命的本质，实现心灵的自由。在生命存在态度上，佛教坚持“苦海无边，回头是岸”；主张人要通过参禅悟道来学习、掌握和运用禅的智慧去提升人的生命境界，抛弃现实生活给人生带来的痛苦和折磨；主张人要有一颗平常心和一种平易闲适的处世态度，用平静的心境去体会生命的充实和幸福。

1.4.3 马克思主义生命观

马克思主义是从个人与社会、个体与人类相统一的视角来思考人的生命存在意义的。马克思曾经说过：“个人是社会的存在物，人的个人生活和类的生活并不是各不相同的，尽管个人生活的存在方

[1] 刘恩允，等．大学生生命教育研究［M］．北京：中国社会科学出版社，2012：47.

式必然地是类的生活的较为特殊的表现或者较为普遍的表现，死似乎是类对特定的个人的冷酷无情的胜利，并且似乎是同二者的统一相矛盾，但特定的个人不过是一个特定的类的存在物”。[1] 当然，由于历史和时代背景的原因，马克思主义生命观更多的是从社会和阶级的角度展开，对类的生命的关注要多于对个体人的关注，认为个人的生死只有同“类”相联系才具有真正的意义。正因为这样，西方学者尤其是存在主义的一代宗师萨特认为马克思主义理论存在着“人学的空场”。

第一，马克思主义视野中的人是追求全面发展的人。马克思主义认为动物和自己的生命活动是直接同一的，而人自己的生活对他来说是对象。人的生产是全面的，人甚至不受肉体需要的影响而生产，并且只有不受这种需要的影响才进行真正的生产，人自由地面对自己的产品，人懂得按照任何一个种的尺度来进行生产，并且懂得处处把内在的尺度运用于对象，也按照美的规律来构造。[2] “全面发展”概念主要包括三个方面的含义：一是人的劳动能力的发展。包括个人的体力、智力、个性和交往能力的发展等。这是人的全面发展的最基本含义。大自然的长期进化使人“具有自然力、生命力，是能动的自然存在物；这些力量作为天赋和才能、作为欲望存在于人身上”[3]。劳动使“生产者也改变着，炼出新的品质，通过生产而发展和改造着自身，造就新的力量和新的观念，造就新的交往方式，

---

[1] 马克思，恩格斯．马克思恩格斯全集：第42卷［M］．北京：人民出版社，1979：122－123.

[2] 马克思，恩格斯．马克思恩格斯选集：第1卷［M］．北京：人民出版社，1995：46－47.

[3] 马克思，恩格斯．马克思恩格斯全集：第42卷［M］．北京：人民出版社，1979：167.

新的需要和新的语言”❶。二是人的社会关系的丰富。人是在社会关系中生存和发展的，“社会关系决定着一个人能够发展到什么程度”❷。生产力的发展和世界交往的形成日益造就了人类丰富而复杂的社会关系，社会关系的全面性使人的发展也具有全面性，从而彻底摆脱在“物的依赖性”阶段人发展的片面性和有限性。马克思在《1857—1858年经济学手稿》中认为：“生产力或一般财富从趋势和可能性来看，普遍发展成了基础，同样，交往的普遍性，从而世界市场成了基础。这种基础是个人全面发展的可能性，而个人从这个基础出发的实际发展是对这一发展的限制的不断消灭，这种限制被意识到是限制，而不是被当做某种神圣的界限，个人的全面性不是想象的或设想的全面性，而是他的现实关系和观念关系的全面性。”❸ 三是人的个性的全面发展。针对旧式分工和异化劳动对个性的压抑，人的个性的全面发展有以下几个方面：人自身中自然潜力的充分发挥；身心的和谐发展；个人需要的相对全面和丰富；个人的精神道德观念和自我意识的全面发展；个性的自由发挥。❹ 人的个性的全面发展充分发挥了人作为主体的作用，人们了解自己本身，使自己成为衡量一切生活关系的尺度，按照自己的本质去估计这些关系真正依照人的方式，根据自己本性需要来安排世界，从而使自己成为自己社会结构的主人。

第二，马克思主义视野中的人是自然存在物与社会存在物的统

---

❶ 马克思，恩格斯．马克思恩格斯全集：第46卷上［M］．北京：人民出版社，1979：494.

❷ 马克思，恩格斯．马克思恩格斯全集：第3卷［M］．北京：人民出版社，1979：295.

❸ 马克思，恩格斯．马克思恩格斯全集：46卷下［M］．北京：人民出版社，1980：36.

❹ 庞世伟．论“完整的人”——马克思人学生成论研究［M］．北京：中央编译出版社，2009：232－233.

一。马克思指出："全部人类历史的第一个前提无疑是有生命的个人的存在。"❶ 马克思在《1844年经济学哲学手稿》中指出："人直接地是自然存在物。……而且作为有生命的自然存在物。"❷ 生命是一种自然现象，"生命是蛋白质的存在方式，这种存在形式的本质契机在于和它周围的外部自然界的不断的物料交换，而且这种物料交换一旦停止，生命就随之停止，结果便是蛋白质的分解。"❸ 其次，他认为人也是一种社会存在。"人是最名副其实的社会动物，不仅是一种合群的动物，而且是只有在社会中才能独立的动物。"❹ "他的生命表现，即使不采取共同的、同其他人一起完成的生命表现这种直接形式，也是社会生活的表现和确证。"❺ 所以说，每个人都是社会中的人，都依赖于与他人的交往、协作来提高个体生命的生产力和生活能力，交往和协作的方式便是实践和劳动过程中构建起来的全面的社会关系，其中最本质和核心的便是生产关系。马克思说："人作为对象性的感性存在物……是一个有激情的存在物，激情、热情是人的强烈追求自己的对象的本质力量。"❻ 马克思主义认为"正像社会本身生产作为人的人一样，人也生产社会。活动和享受，无论就其内容或就其存在的方式来说，都是社会的，是社会的活动和社会的享受。自然界的人的本质只有对社会的人来说才是存在的；因

---

❶ 马克思，恩格斯．马克思恩格斯选集：第1卷［M］．北京：人民出版社，1995：67.

❷ 马克思，恩格斯．马克思恩格斯全集：第42卷［M］．北京：人民出版社，1979：122-167.

❸ 恩格斯．自然辩证法［M］．北京：人民出版社，1971：284.

❹ 马克思，恩格斯．马克思恩格斯全集：第42卷［M］．北京：人民出版社，1979：122.

❺ 马克思．1844年经济学哲学手稿［M］//马克思恩格斯全集：第42卷北京：人民出版社，1979：122-123.

❻ 马克思，恩格斯．马克思恩格斯全集：第1卷［M］．北京：人民出版社，1972：169.

为只有在社会中，自然界对人来说才是人与人联系的纽带，才是他为别人的存在和别人为他的存在，才是人的现实的生活要素；只有在社会中，自然界才是人自己的人的存在的基础；只有在社会中，人的自然的存在对他来说才是他的人的存在，而自然界对他来说才成为人。”❶

一方面，社会是人的全面发展的基础和平台，社会发展推动人的发展。只有在集体中，个人才能获得全面发展其才能的手段，也就是说，只有在集体中才可能有个人的自由。在真实的集体的条件下，各个个人在自己的联合中并通过这种联合而获得自由。“一个人的发展取决于和他直接或间接进行交往的其他一切人的发展；彼此发生关系的个人的世世代代是互相联系的……总之，我们可以看到，发展不断进行着，但个人的历史决不能脱离他以前的或同时代的个人的历史，而且由这种历史决定的。”❷ 伴随着社会的发展，个人将从狭隘、孤独成长的个人变成具有丰富社会联系的个人，从为私有财产所分割的个人向自由自觉联合的个人转变。人是一切社会关系的总和。社会关系的普遍性和全面性，正是个人走向全面发展的不可或缺的条件。马克思在《1857—1858 年经济学手稿》中认为：“生产力或一般财富从趋势和可能性来看的普遍发展成了基础，同样，交往的普遍性，从而世界市场成了基础。这种基础是个人全面发展的可能性，而个人从这个基础出发的实际发展是对这一发展的限制的不断消灭，这种限制被意识到是限制，而不是被当作某种神圣的界限，个人的全面性不是想象的或设想的全面性，而是他的现

---

❶ 马克思．1844 年经济学哲学手稿［M］．北京：人民出版社，1985：78－79.

❷ 马克思，恩格斯．马克思恩格斯全集：第 3 卷［M］．北京：人民出版社，1979：515.

实关系和观念关系的全面性。”❶ 如果离开社会的全面发展谈人的全面发展，那就好似在沙滩上建高楼大厦一样危如累卵，个人只能在狭窄的范围内孤独地发展着，变成少有联系的、相互独立的封闭个体。

另一方面，人是社会的主体，人的全面发展是社会发展的最高价值追求和崇高目标。因为社会的发展实质上是人们追求幸福和发展的结果。马克思曾明确指出：“社会——不管其形式如何——是什么呢？是人们交互活动的产物。……人们的社会历史始终只是他们个体发展的历史，而不管他们是否意识到这一点。”❷ “要不是每一个人都得到解放，社会本身也不能得到解放。”❸ “私有制只有在个人得到全面发展的条件下才能消灭。”❹ 一个更高级的社会形式是“以每个人的全面而自由的发展为基本原则的社会形式”。❺

从上面的观点我们可以看出社会的存在和发展是以个人的存在为前提的，离开了个人就不成其为社会；离开了个人的发展，社会也就无从发展，整个社会的发展是以人的发展为目的的。社会历史发展的最高境界就是人自身的全面发展和彻底解放，而同社会的全面发展相一致的人的全面发展是人的发展的最高境界。

第三，马克思主义视野中的人追求全面发展与自由发展的统一。马克思的人的全面发展是针对人的片面发展提出来的。人的片面发

❶ 马克思，恩格斯．马克思恩格斯全集：46 卷下［M］．北京：人民出版社，1980：36.

❷ 马克思，恩格斯．马克思恩格斯选集：第 4 卷［M］．北京：人民出版社，1995：532.

❸ 马克思，恩格斯．马克思恩格斯全集：第 20 卷［M］．北京：人民出版社，1971：318.

❹ 马克思，恩格斯．马克思恩格斯全集：第 3 卷［M］．北京：人民出版社，1960：516.

❺ 马克思，恩格斯．马克思恩格斯全集：第 23 卷［M］．北京：人民出版社，1972：649.

展是社会分工的产物。城乡分离、体力劳动和脑力劳动的分离开始了生产者为生产资料所束缚和奴役的历史，破坏了人全面发展的基础。“个人就是受分工支配的，分工使他变成片面的人，使他畸形发展，使他受到限制”❶。而“分工与私有制是相等的表达方式，对同一件事情，一个是就活动而言，另一个是就活动的产品而言”❷。私有制条件下的社会分工必然导致人的片面发展。在资本主义社会，即使工人的某些方面得到发展，那也是为他人、为资本家的发展，是一种被发展。“在资产阶级社会里，资本拥有独立性和个性，而劳动的个体却被剥夺了独立性和个性。”❸ 劳动者“每个人就有了自己一定的特殊的活动范围，这个范围是强加于他的，他不能超出这个范围：他是一个猎人、渔夫或牧人，或者是一个批判的批判者，只要他不想失去生活资料，他就始终应该是这样的人”❶。也就是说，“只要分工还不是出于自愿，而是自然形成的，那么人本身的活动对人来说就是异己的、同他对立的力量，这种力量压迫着人，而不是人驾驭着这种力量”❺。马克思针对人的发展的片面性、工具性和有限性，提出了人的发展应当是全面、自由和充分的发展。“任何人都没有特定的活动范围，每个人都可以在任何部门内发展，社会调节着整个生产，因而使我有可能随我的心愿今天干这事，明天干那事，上午打猎，下午捕鱼，傍晚从事畜牧，晚饭后从事批判，但并不因

---

❶ 马克思，恩格斯．马克思恩格斯全集：第3卷［M］．北京：人民出版社，1960：614.

❷ 马克思，恩格斯．马克思恩格斯选集：第1卷［M］．北京：人民出版社，1995：84.

❸ 马克思，恩格斯．马克思恩格斯全集：第4卷［M］．北京：人民出版社，1960：482.

❶ 马克思，恩格斯．马克思恩格斯全集：第3卷［M］．北京：人民出版社，1960：37.

❺ 马克思，恩格斯．马克思恩格斯选集：第1卷［M］．北京：人民出版社，1995：85.

此就会使我变成一个猎人、渔夫、牧人或批判者”，[1] 这就意味着人与人之间、个人利益与社会利益之间的矛盾得到了协调，社会实践从异己力量变成了自主活动，社会的一切成员普遍得到发展，这是人类追求的最终价值目标，当然这一切的实现必须从无产阶级夺取政权的革命开始。

人的自由发展是指人作为主体自觉、自愿和自主的发展，是人的全部才能的自由发展，是把人作为目的的发展。自由是人的本质特征，是人区别于物的根本属性。在马克思的著作中，人的全面发展与自由发展经常相提并论。“社会的每一个成员都能完全自由地发展和发挥他的全部才能和力量。”[2] “他们的体力和智力获得充分的自由的发展和运用”[3]。人的自由发展有两方面的含义，即相对于自然的自由和相对于社会的自由。相对于自然的自由“就在于根据对自然界的必然性认识来支配我们自己和外部自然”[4]。也就是说在人与自然的关系中，随着人对自然规律的不断认识和把握，人们利用自然规律为己所用的能力在不断提升，逐渐向自由王国飞跃。相对于社会的自由，是指人对社会关系的不断把握和超越，即人在社会生产实践中不断摆脱各种客观的、异己的力量的控制，不再屈从于奴隶般的分工，不再屈从于他被迫从事的某种活动，终于能够个人驾驭自己的发展，实现身体、智能、经济、政治和文化等各方面的全面发展，真正让“至今一直统治着历史的客观的异己的力量，现

[1] 马克思，恩格斯．马克思恩格斯选集：第1卷［M］．北京：人民出版社，1995：294.

[2] 马克思，恩格斯．马克思恩格斯选集：第1卷［M］．北京：人民出版社，1972：217.

[3] 马克思，恩格斯．马克思恩格斯选集：第3卷［M］．北京：人民出版社，1972：372.

[4] 马克思，恩格斯．马克思恩格斯选集：第3卷［M］．北京：人民出版社，1995：456.

在处于人们自己的控制之下了。只是从这时起，人们才完全自觉地自己创造自己的历史”❶。

自由发展是共产主义的基本原则和核心价值。《共产党宣言》指出：“每个人的自由发展是一切人的自由发展的条件。”❷ 人的全面发展的前提和核心是“个人自由”，如果没有“个人自由”，那么人的全面发展只能是空中楼阁。“全面”内含于“自由”之中，是“自由”的必然要求，全面发展是人类最高的价值取向。自由对于实现任何一个值得追求的目标都是不可或缺的。全面发展是自由发展的条件和基础，自由发展是全面发展的前提。

在马克思看来，人的全面发展就是使人的各方面的本质力量都发展起来，使个人向完整的人发展，使“人以一种全面的方式，也就是说，作为一个完整的人，占有自己的全面的本质”❸。自由发展则是指这种发展不是出于生存的逼迫或社会关系的强制，而是人以人自己占有和享受自己的全面本质为出发点和归宿。这样才是人类真正地完全地实现了从必然王国向自由王国的飞跃。

第四，马克思主义主要认为人的生命发展是一个具体的实践过程。人的发展与作为类的人的发展同人类社会的发展一样，是一个从简单到复杂、从低级到高级的发展过程。人的全面发展是社会实践的过程。在《1857—1858 年经济学手稿》中，马克思从历史的角度考察了人的主体发展过程，提出了人的发展“三阶段”理论。“人的依赖关系（起初是完全自然发生的），是最初的社会形态，在

---

❶ 马克思，恩格斯．马克思恩格斯全集：第 3 卷［M］．北京：人民出版社，1960：757－758.

❷ 马克思，恩格斯．马克思恩格斯选集：第 1 卷［M］．北京：人民出版社，1995：294.

❸ 马克思，恩格斯．马克思恩格斯全集：第 42 卷［M］．北京：人民出版社，1979：123.

这种形态下，人的生产能力只是在狭窄的范围内和孤立的地点上发展着。以物的依赖性为基础的人的独立性，是第二大形态，在这种形态下，才形成普遍的社会物质交换，全面的关系，多方面的需求以及全面的能力体系。建立在个人全面发展和他们共同的社会生产能力将成为他们的社会财富这一基础上的自由个性，是第三个阶段。第二个阶段为第三个阶段创造条件。”❶

“人的依赖关系”是人的发展的初始阶段，一般被称为“前资本主义社会”。由于生产力的低下，人们的社会活动范围很狭小，人们之间的关系主要是以血缘、宗族关系为主的直接依赖关系，具有一定的人身依附性，人的独立性还没得到发展。个人离开了集体就无法生存下去，因而只能依附于特定的一个共同体——氏族或者部落。个人和自然、社会处于一种浑然一体的关系中。“我们越往前追溯历史，个人，从而也是进行生产的个人，就越表现为不独立，从属于一个较大的整体。”❷ 在这个共同体中，个人成了实现共同体要求的工具，个人只能在共同体的从属关系中非常有限地发展自己的才能。“这是作为共同体或群体的人的发展，而不是作为个人的人的发展，而且还是一种不自由的、极端片面和非人道的发展，不是真正自由和有内容的发展。”❸ 不过有意思的是在发展的早期，尽管个人的发展是不自由、不全面、不充分的，但是又很可能“单个人显得比较全面”❹。“我们十分惊异，在古代，一个人既是杰出的哲学家，同时又是诗人、演说家、历史学家、牧师、执政者和战略家。

❶ 马克思，恩格斯．马克思恩格斯全集：第46卷上［M］．北京：人民出版社，1979：104.

❷ 马克思，恩格斯．马克思恩格斯全集：第46卷上［M］．北京：人民出版社，1979：21.

❸ 黄楠森．人学原理［M］．南宁：广西人民出版社，2000：412－413.

❹ 马克思，恩格斯．马克思恩格斯全集：第46卷上［M］．北京：人民出版社，1979：109.

这样多方面的活动使我们吃惊。”[1] 对此，马克思认为“在发展的早期阶段，单个人显得比较全面，那正是因为他还没有造成丰富的关系，并且还没有使这种关系作为独立于他自身之外的社会权力和社会关系同他自己相对立”[2]。马克思把最初社会形态里显得“比较全面”的单个人称为具有“原始的圆满丰富”性的人，当然这种“原始的圆满丰富”不是真正的丰富，而是残缺中的圆满。

以物的依赖性为基础的人的独立性，是第二大形态。随着生产力的发展和社会分工的发展，商品经济普遍发展起来，人的原始的丰富性被打破了。随着资本主义机器大工业的生产的发展，社会分工日益严密，使工人从小就变成局部机器的一部分，人的异化现象越来越严重。“劳动为富人生产了奇迹般的东西，但是为工人生产了赤贫。劳动创造了宫殿，但是给工人创造了贫民窟。劳动创造了美，但是使工人变成畸形。劳动用机器代替了手工劳动，但是使一部分工人回到野蛮的劳动，并使另一部分工人变成机器。劳动生产了智慧，但是给工人生产了愚钝和痴呆。”[3] 尽管资本主义发达的社会分工造成人的片面发展，但是，资本主义社会经济主体的独立和自由意味着人从天然的血缘关系如形形色色的人身依附关系中解放出来，意味着对经济主体的自主地位和独立利益的自我确认和相互承认。当然这种独立实际上被笼罩在物的依赖关系之中。商品和货币变成了人与人之间关系的纽带，成为了人从事劳动和出卖劳动的终极原因，造成人类整体的进步和个体片面发展的对抗。人的社会关系由直接的人的依赖过渡到物的依赖关系。但是“物的依赖关系”阶段

---

[1] 马克思，恩格斯．马克思恩格斯选集：第1卷［M］．北京：人民出版社，1995：169.

[2] 马克思，恩格斯．马克思恩格斯全集：第46卷上［M］．北京：人民出版社，1979：109.

[3] 马克思．1844年经济学哲学手稿［M］．北京：人民出版社，1985：49－50.

在人的发展历程中的阶梯作用不可忽视，它为人的发展的第三阶段、为向共产主义过渡准备物质条件。“交往的普遍性，从而世界市场成了基础。这种基础是个人全面发展的可能性。”❶ 资本主义“在生产出个人同自己和同别人的普遍异化的同时，也生产出个人关系和个人能力的普遍性和全面性”❷，它为社会创造了比较全面和丰富的社会关系。马克思指出：“毫无疑问，这种物的联系比单个人之间没有联系要好，或者比只是以自然血缘关系和统治服从关系为基础的地方性联系要好。”❸

建立在个人全面发展和他们共同的社会生产能力成为他们的社会财富这一基础上的自由个性阶段是人的发展的第三阶段。这个阶段是马克思所揭示人的发展三阶段中最高的理想发展阶段，也是马克思主义社会发展理念中的一条基本原则和追求的最高价值目标。在这个阶段，由于生产力的极度发达，由于对以往的私有制和私有财产的扬弃，由于旧式分工的消除，由于人身依附和人对物的依赖关系的消除，每一个社会成员都能获得自由而全面的发展。“生产劳动就从一种负担变成一种快乐。”❹ “在必要劳动时间之外，为整个社会和社会的每个成员创造大量可以自由支配的时间。”❺ 每个人可以获得充分的自由发展。因而“代替那存在着阶级和阶级对立的资产阶级旧社会的，将是这样一个联合体，在那里，每个人的自由发

---

❶ 马克思，恩格斯．马克思恩格斯全集：46 卷下［M］．北京：人民出版社，1980：36.

❷ 马克思，恩格斯．马克思恩格斯全集：第 46 卷上［M］．北京：人民出版社，1979：109.

❸ 马克思，恩格斯．马克思恩格斯全集：第 46 卷上［M］．北京：人民出版社，1979：108.

❹ 马克思，恩格斯．马克思恩格斯选集：第 3 卷［M］．北京：人民出版社，1995：644.

❺ 马克思，恩格斯．马克思恩格斯全集：46 卷下［M］．北京：人民出版社，1979：221.

展是一切人的自由发展的条件”[1]。人的全面发展尽管要经历长期的历程，但其必然会有到来的时刻，人类必然会从必然王国走向自由王国。

人从简单到复杂、从低级到高级所要经历的三个阶段，实践是决定性的力量。实践造就人的类特性。“一个种的全部特性、种的类特性就在于生命活动的性质，而人的类特性恰恰就是自由的有意识的活动。”[2] 实践是人与自然、人与人、人与社会关系的基础和桥梁。“因此我们首先应当确定一切人类生存的第一个前提，也就是一切历史的第一个前提，这个前提是：人们为了能够‘创造历史’，必须能够生活，首先就需要吃喝住穿以及其他一些东西。因此第一个历史活动就是生产满足这些需要的资料，即生产物质生活本身，而且这是这样的历史活动，一切历史的一种基本条件，人们单是为了能够生活就必须每日每时去完成它，现在和几千年前都是这样。”[3]所以说“它是一切人类生活的第一个基本条件，而且达到这样的程度，以致我们在某种意义上不得不说：劳动创造了人本身”[4]。“个人怎样表现自己的生活，他们自己就是怎样。因此，他们是什么样的，同他们的生产是一样的——既和他们生产什么一致，又和他们怎样生产一致。因而，个人是什么样的，这取决于他们进行生产的物质条件。”[5] 在人的发展的历程中，“物的依赖性”对“人的依赖

---

[1] 马克思，恩格斯．马克思恩格斯全集：第1卷［M］．北京：人民出版社，1995：294.

[2] 马克思．1844年经济学哲学手稿［M］．北京：人民出版社，1985：53.

[3] 马克思，恩格斯．马克思恩格斯全集：第1卷［M］．北京：人民出版社，1995：78－79.

[4] 马克思，恩格斯．马克思恩格斯选集：第4卷［M］．北京：人民出版社，1995：374.

[5] 马克思，恩格斯．马克思恩格斯全集：第1卷［M］．北京：人民出版社，1995：67－68.

性”的否定，以后必将出现的人的“全面发展的自由个性”对“物的依赖性”的否定，包括马克思提出的教育与生产劳动相结合是造就全面发展人的唯一途径，这些都是在人的实践活动中实现的。所以说“全部社会生活在本质上是实践的”[1]。实践是马克思主义的基本观点。人在一个个具体的实践过程中，从自发走向自觉，从低级向高级不断发展。

马克思主义既重视生命本身和过程的意义，也关注生命结束和死亡以后的价值，坚持人不仅要“努力为生，还要努力为死”。人是人的最高本质，人的根本就是人本身。[2] 人不是归结为物性、神性这些抽象的绝对本性，而是活生生的、具有矛盾本性的现实的人。我们要把人当人看，尊重人、爱护人、理解人、关心人。

---

❶ 马克思，恩格斯．马克思恩格斯选集：第1卷［M］．北京：人民出版社，1995：56.

❷ 马克思，恩格斯．马克思恩格斯全集：第1卷［M］．北京：人民出版社，1956：460.

第2章 大学生生命教育：亟待补上的一课

教育的目的应当是向人传递生命的气息。

——泰戈尔

教育的目的应当是向人传递生命的气息，使人获得属人的生命，取得人的身份和资格。生命是教育的根本出发点，生命个体的自由全面发展是教育的终极目标。可是很多时候我们的教育在强调升学率的时候，在强调附着在生命上的各种名利时，却忘记了教育的真谛和要义。为了生命以外的东西忘记了对生命本真的关怀，好像一场旅行，由于走得太远，以至于我们都忘记了为什么出发！大学阶段少了应试教育的重压，是该回归教育的真谛和要义的时候了，应该重视和加强大学生的生命教育。

2.1 生命教育

生命教育这一概念（Educationfor life）作为一个舶来品，起初是由美国著名人生导师华特士提出来的。但是在历史渊源上，生命教育起源于古希腊。苏格拉底、柏拉图、亚里士多德的教育思想中就有生命教育的意蕴。苏格拉底认为，教育的作用就在于，通过“助产术”帮助学生发现存在于心灵中的真理，使学生的心灵走向光明。

柏拉图认为，真正的教育是使学生的心灵转向，成为至善至美的人。亚里士多德更是从自然教育的视野，强调教育应是人的内在潜能自我展开和自我实现的过程，教育的目的是促进人的身心全面和谐发展。文艺复兴时期人文主义教育家从自然教育的角度关注了人的生命的尊严和幸福，主张按大自然的规律和儿童的天性实施教育，促进儿童的身心和谐发展。

生命教育的主要目的就是使学生珍视和爱护生命，以积极的姿态实现生命的价值和意义。为此，生命教育要培养学生的生命意识，让学生认识和理解生命内涵、生命知识、生命意义等，认识生命发展的规律、了解生命的本质，从而抵达生命的核心诉求。引导学生进行自我认识、自我实现、自我超越，看清自己与社会、与他人、与自己的关系，做到理性认识生命、珍惜生命、实现生命的价值，实现自然生命和社会生命的结合。如同华特士在《生命教育》一书中所说，“教育并不只是训练学生能够谋得职业，或者从事知识上的追求，而是引导人们充分去体悟人生的意义”，“不仅教导他们如何取得物质上的成功，也教导他们做一个人也要成功”，“促使孩子形成身、心、灵兼备的生命态度”，“帮助孩子做好准备，迎向人生的挑战”。[1] 台湾大学哲学系教授孙效智在《生命教育的内涵与哲学基础》一文中明确指出，生命教育应包含生死、宗教以及伦理教育等部分。生死与宗教属于终极关怀的课题，旨在确立生命的意义与方向；伦理涉及生命的实践，旨在启发学生的人格情操与道德思辨能力。由于伦理方面的真知与力行是每个人迈向理想生命境界所不可或缺的条件，因此，扎实的伦理教育成为生命教育至为重要的环节。

大学生生命教育是通过有目的、有计划和有组织地对大学生进

---

[1] 杰·唐纳·华特士．生命教育：与孩子一同迎向人生的挑战［M］．成都：四川大学出版社，2006.

行生命意识教育以熏陶生存能力和升华生命的价值，从而唤醒大学生的生命意识、启迪大学生的精神世界、开发大学生的生命潜能来提升生命质量，关注生命整体的发展，从而使大学生成为具有健全的人格、鲜明的个性和文化底蕴、珍惜生命的人，最终使他们的生命价值观充分展现。[1] 一般认为大学生生命教育的内涵包括三个层面的意思：第一是教育的方向性，即要以马克思主义为指导思想，以人文社会科学为理论基石；第二是教育的过程性，即教育要体现出生命的整体性和人的主体性，即按照人类发展的规律、社会需求和生命成长来实施教育；第三是教育的目的性，即培养和引导学生热爱生命、珍视生命来构建健全人格，以及开发生命潜能、培养人生智慧，为学生提高生命质量、实现人生价值和终身幸福奠定基础。但我们目前的教育着重于教人“何以为生”，掌握谋生的技能，较少引导学生进行“为何而生”的思考。当前我们必须“增加与加强文学、艺术、伦理、社会、历史、地理等人文学科的教学；把价值教育放在整个教育的首要地位；将人性教育贯穿于教育的全部过程和因素之中，使整个教育环境人性化；加强‘自由与责任’的教育，将自由与责任视为现代伦理生活的核心价值”[2]，培养智慧和灵魂兼备、激情和理性互补、技能和道德兼具的健全的大学生。

2.1.1　国内生命教育现状

总的来说国内生命教育还处于起步发展的阶段。从学术研究角度而言，我国目前的研究大多停留在引进西方生命教育理念的基础之上，生命教育主要是指围绕人生、生活、生命等问题而展开的相

---

[1] 赵宝．大学生生命教育内涵探析［J］．青少年研究，2009（3）．

[2] 雇中平，刘朝晖．挑战与应答——20 世纪的教育目的观［M］．济南：山东教育出版社，1995：449.

关知识的传授活动。从教育实践角度而言，我国高校的生命教育还没有广泛展开，除了医学类学校开设有生命教育之类的课程，其他普通高校的生命教育还没有广泛开设。但可喜的是近年来教育行政管理部门和一些有识之士及某些学校已经开始关注这一问题，逐步认识到生命教育的重要性。教育部门的一些文件、讲座、论坛和课程的安排都在凸显生命教育的主题。2002 年武汉大学组织的一场“生命智慧——如何善待和开发仅一次属于你的生命”的大型讲座，深受大学生的欢迎，这是国内首场关于生命教育的大型讲座。2003 年 4 月 8 日，湖北省召开了“防止高校学生自杀专题会议”。2004 年2月出台的《关于加强和改进未成年人思想道德建设实施意见》特别强调要加强未成年人的“生命教育”。2004 年4 月在杭州召开的“两岸三地教师、课程与人格建构研讨会”上，来自北京、上海、南京、杭州、香港、台湾等地的40 多位专家教授纷纷呼吁，必须重视校园“生命教育”。辽宁省教育系统2004 年 12 月 23 日开始在全省启动生命教育工程，培养学生珍爱生命的意识，预防艾滋病、远离“死亡游戏”、培养健康心理。2005 年 12 月和 2006 年 12 月已经成功举办了两届中华青少年生命教育论坛。2005 年“感动中国”第一人，荣获中国宋庆龄基金会“生命教育爱心大使”称号的洪战辉同学在北大的百年讲坛多功能报告厅为现场的 500 余名北大师生做了精彩演讲。2006 年全国两会专栏报道，针对大学生轻生、自杀所暴露出来的心理健康问题，有全国人大代表呼吁开设“生命教育”课，打造心理长城。2006 年 5 月 19 日“青少年生命教育全国高校巡回演讲”在京拉开序幕，首站定在中国百年学府北京大学。2006 年 12 月 28 日由中国宋庆龄基金会主办，教育部、司法部、共青团中央和中国关心下一代工作委员会等联合支持的以“优化社会环境与青少年健康成长”为主题的“第二届中华青少年生命教育论坛”在北京举办。来自全国 15 个省市区、28 个城市的代表和北大、清华、人大在内的67所学校，以及来自香港、台湾等地的200多名专家及教育界人士参与探讨了生命教育在中国的现状、必要性及发展具有中国特色的生命教育的体系和模式，并积极讨论了社会热点问题和分享生命教育案例。[1] 2008年8月13日，云南省委高校工委、省教育厅召开实施“三生教育”工作视频会议，对云南省教育系统实施“三生教育”工作进行了全面动员和部署：从2009年秋季起在全省各级各类学校全面实施“三生教育”。“三生教育”就是通过教育的力量，使受教育者接受生命教育、生存教育和生活教育，树立正确的生命观、生存观、生活观的主体认知和行为过程。通过整合学校教育、家庭教育、社会教育的力量，激发学生的主体认知和行为实践，最终达到帮助学生确立正确的世界观、人生观、价值观的目标过程。

同时，各级各类学校生命教育的课程建设也日益完善起来。2005年9月，黑龙江省在召开全省中小学德育会议时决定在全省范围内逐步开展生命教育，推出了《黑龙江省中小学生命教育指导意见》。该文件提出开展生命教育必须坚持“以育人为本”“以学生发展为本”，注重科学性和人文性的统一，强调促进学生认知、体验、实践相结合，遵循分层推进、知行统一、帮教与互助自助相结合、与学生身心发展一致以及学校、家庭、社会相结合的原则实施生命教育。《黑龙江省中小学生命教育指导意见》也强调生命教育要渗透到学科教育中，同时充分利用心理健康教育、安全教育、健康教育、环境教育、禁毒和预防艾滋病教育、法制教育等专题教育形式。另外，还要通过课外活动等形式进行实践体验。[2] 江苏省自2006年新学期开始，也在部分学校独立开设生命教育课程，并使用全国首本

---

[1] 乔丹，杨淑珍．当前大学生生命教育现状探究与思考［J］．思想政治教育研究，2008（2）：84.

[2] 欧巧云．当代大学生生命教育研究［M］．北京：知识产权出版社，2008：57.

生命教育读本作为教材。苏州教育科学研究院的袁卫星编写了全国首本生命教育读本《生命课——一个学生的必修课程》。在这本生命教育读本中设计了“生命只有一次”“青春永不回头”“你和你的世界”“你有你的责任”“假如没有明天”五个专题作为学习单元，内容涉及生命的价值、爱情教育和性健康教育等。

总的来说，我国在中小学开展生命教育已经取得了一定的进展，然而关于大学生的生命教育还没有引起足够的重视。高校对大学生的心理健康教育普遍重视，有心理学讲座，也有心理学方面的课程设计。但是大学校园里没有专门关于生命教育的讲座，也没有固定的生命教育方面的课程，只是有些学校开设了生命教育方面的公共选修课而已，受教育学生的覆盖面非常有限。同时针对大学生生命教育的研究也很少。这种情况与当前部分大学生呈现的生命迷茫状况有着莫大的关系。中国科学院院士杨叔子认为，当前高等教育存在着“五重”“五轻”，即重理工轻人文、重专业轻基础、重书本轻实践、重共性轻个性、重功利轻素质，并认为前“四重”“四轻”归根到底就是重功利、轻素质这一点。❶ 问题的揭示真是一针见血，但是解决起来却是任重而道远。

2.1.2 海外生命教育现状

海外生命教育最早源于20世纪初在西方兴起的死亡学和之后发展起来的生死教育，在概念称谓上经历了从“死亡教育（Death Education）”到“生死教育（Life-and-Death Education）”再到“生命教育（Life Education）”的演变过程。以关怀生命为出发点，认为教育的终极目标在协助个人寻求存在的意义，正确面对死亡。美国的

❶ 杨叔子．高等教育的五“重”五“轻”［N］．中华读书报，2002－10－09.

杰·唐纳·华特士是第一个倡导生命教育的人。1968 年，他在美国加州创建“阿南达村”学校，开始倡导和践行生命教育思想，关注反吸毒、预防艾滋病、自杀、暴力等问题。西方国家明确提出“生命教育”概念的，当数 1979 年在澳洲成立的“生命教育中心”（life educational center，简称 LEC），作为西方国家最早使用“生命教育”概念的机构，该中心在成立初就侧重于防止药物滥用、暴力与艾滋病，其宗旨是向儿童及成人（特别是青少年）提供有关药物对人体的影响的教育课程，目的是让他们认识到药物（包括烟和酒）对人体的影响，并使他们获得必要的知识和技巧去避免滥用药物。现在这个中心已经成为一个正式的国际性机构，是联合国非政府组织（NGO）的一员，其基本宗旨是防止“药物滥用，暴力和艾滋病”。日本 1989 年修改的《教学大纲》中针对学生的自杀、杀人、破坏环境、浪费等现象日益严重的现实，也明确表示以尊重人的精神和对生命敬畏的观念来定位道德教育的目标。

1. 美国的生命教育

美国是全球最先倡导生命教育思想的国家，生命教育的发源地是美国加州，美国的著名学者杰·唐纳·华特士创办的“阿南达村”学校是美国推行生命教育的第一个尝试，20 世纪 70 年代美国已经有 1000 多所学校对学生进行生命教育活动。随着时间的推移，到 20 世纪末生命教育课程在美国基本得到了普及，具有美国特色的生命教育模式基本形成。美国生命教育强调合作、责任感、自制等信念，大致通过生命意识、生命关系、个人承受力和生命价值四个方面来设定。美国中小学生命教育的主要内容有死亡教育、品格教育、挫折教育、生计教育、个性化教育等。美国的大学则普遍开设生命健康教育课程，从 20 世纪 60 年代开始死亡教育在美国大学、学院开始系统地并有计划地推广，现在美国大学、学院普遍设有死亡与死亡过程等课程，通过这些课程的开设，教会学生辨别自杀的警告信号，提高了学生对自杀行为的觉醒。美国大学的生命教育积极开展挫折承受能力的教育，对学生开展心理健康咨询、进行追踪心理辅导，经常举办有关生命教育主题的讲座，并且将教育与实践相结合，要学生体验和感知生命。除此之外，美国大学还在人文教育的课程中渗透生命教育的内容。

自20世纪60年代开始美国共进行了五次大规模的教育改革，每次改革都非常重视生命教育，例如布什政府在《美国2000年教育规划》中提出：每一个学校都应该是安全的、没有毒品的。1993年克林顿签署的《2000年目标：美国教育法》明确规定：各地教育单位应增设反毒品、酒精系列的课程，作为教育的必修课程；关于毒品和酒精的知识应作为生理健康课的重点内容；要求每个学校都必须摆脱毒品和暴力；成为无武器、无酒精、无毒品、无暴力的地方。美国较早向公众发布了自杀预防的策略；其目的包括预防由于自杀而导致人过早死亡，减少其他自杀行为的比率，减少和自杀行为相关的后果，促进相互尊重，加强个人、家庭和社区的连通。为推广生命教育，美国成立了各种专业协会，出版了许多专业及普及性的书籍和杂志。2004年秋美国国会拨了1500万美元的专项津贴，其目的是帮助大学扩展心理健康项目。[1]

2. 英国的生命教育

英国自20世纪80年代开始加入生命教育研究的时代潮流，发展至今，在理论和实践中都取得了很大的成就。英国的生命教育中心创立于1986年，其理念是有意识地“选择适合保护和发展学生生命安全和健康生命教育内容，比如对危险的评价、避免和管理，有效的交流，承受压力，寻求意见和建议、问题解决策略，发展自我

---

[1] 姬咏华，杜咏梅．美国大学生生命教育的特点及启示［J］．前沿，2010（24）：188.

认知和自尊，探讨对相关生命问题的态度，探索媒介和社会对学生生命的影响”。1990 年英国政府把生命教育课程规定为跨领域课程，它的开设意味着生命教育开始受到英国政府的重视。1999 年英国政府成立了创造与文化教育全国咨询委员会、个人社会和健康教育全国咨询顾问团，这些学术性的咨询团体充当了智囊团的角色，稳固了英国政府推动新课程的理论基础，使政策的形成依托于充分的调查研究，政府的决策过程更为完善，能够充分反映和适应教育改革与国家长期发展的需要。在具体的实施过程中英国各个地方教育局成立专门负责的单位协助学校推动新课程，各学校也成立教学研究会，由有教学资格及经验的教师担任课程召集人，主持教学研究、领导教材编定和课程发展与检讨。2002 年 8 月开始，生命教育被英国政府纳入国家和学校的正规教育课程，在国家正式课程中占有重要的一席之地，成为英国重要的教育改革政策。英国的生命教育活动是以公民教育为主要内容的，瓦里提俱乐部在 20 世纪 80 年代赞助英国建立了第一个流动的生命教育教室，随后这种流动的生命教育教室在英国各地兴起，取得了很大的成就。在短短几年之中，英国的生命教育就取得了巨大的进步，形成了富有英国特色的生命教育课程体系、教育形式、教育内容和教育方法。英国的“公民资质教育”（Citizenship Education），其内涵主要为全人发展，增进身体心理健康，促进灵性发展，并具备成为现代优良公民特质。

英国生命教育的内容。英国中小学生命教育课程主要涵盖两个方面：其一是以公民教育为主，辅之以个人社会和健康教育课程；其二是生命关系的教育。生命关系教育又包含如下四个领域：一是自我生命，旨在关注自我生命，了解自身性格和缺陷，同时不断探寻自我生命存在的意义和价值。二是自我生命与他人生命，旨在认识、了解自我生命的基础上，了解、尊重和关心他人的生命，学会采用恰当的方式处理与其他生命之间的冲突；三是自我生命与社会，旨在学会处理个人与家庭、社会的关系，能够自觉维护社会的利益；四是自我生命与环境，旨在自觉遵守自然规律，保护生存环境，学会与自然和谐相处。

英国生命教育的途径，最重要的是 1986 年成立了生命教育中心。生命教育中心的职责是将实施英国生命教育的使命安放在与学校和社区合作的平台上，帮助孩子们做出正确的选择，其途径有三个，“一是运用最佳的实践模式，提供生活技能和健康教育项目；二是告诉孩子们关于毒品（包括饮酒和烟）的风险的知识；三是培训和支持社区里的父母、护理、老师和其他监护人，有效地交流关于健康生活方式的信息”。英国生命教育在开设专门的生命教育课程基础之上，还把针对学生的生命教育渗透到各相关科目之中，使其相互协作，让学生从各方面和角度来提升对生命的体验和认知。比如在历史课上，教师可以选择各种造成人类大量死亡的事件对社会的影响来进行对生命的探讨。在宗教教育中教师可以解释不同的宗教如何诠注生命的生与死，介绍不同宗教的葬礼仪式，承认信仰和文化的差异性。在伦理道德课程中可以引导学生探讨安乐死、器官移植、自杀、核武器威胁对全球和平的道德责任等问题。尤其是在生物课程中，教师可以充分地向学生展示生命的起源、生长、发育、死亡和人类的生、老、病、死，强调生命的唯一性、神圣性和不可逆性，灌输尊重生命、敬畏生命的理念。英国的中小学已把生命教育课程设立为学校的必修课程，并且规定了专门的教学时间。但值得一提的是，虽然英国强调生命教育应该设立专门的课程教学，但并没有限定教学内容和具体的教学方式，鼓励以多样化的教学方式教学，采用引导和诘问的模式教学，以虚拟的情境为案例引导学生探讨。[1]

3. 台湾的生命教育

中国台湾学校的生命教育近些年来发展迅速，得到了台湾“教育部门”的大力支持。台湾“地方政府教育部门”于1997年在晓明女中内设立“伦理教育推广中心”（次年更名为“生命教育推广中心”）。之后在各县市设置“中心学校”，为众多学校训练师资，开设有关生命教育的课程。“生命教育自1998年开始针对全台中学生实施。”生命教育引起社会各阶层的注意，台湾各级中、高等学校的专家学者也积极响应，参与到生命教育探讨的热潮中。2000年台湾宣布设立“学校生命教育专案小组”，发布《建构学校生命教育体系先导计划》，规定2001年为台湾的“生命教育年”，并正式对外公布《推动生命教育中程计划》等一系列计划和方案，将生命教育的理念正式纳入由小学至大学16年的学校教育体系中，后又强调以高中及初中学生为优先对象，将生命教育逐年推广到小学及大学。台湾南华大学设立了生命教育学研究所，台北护理学院成立了“生与死研究中心”，其他大学也陆续开设了生死学、生命教育等相关课程。台湾学校生命教育的良好持续拓展，使生命教育获得一贯化、完整化、全程化的发展，生命教育已成为遍及台湾地区的新的教育学科。台湾“教育部门”还大力举办师资培训、课程研发、教学方法改进等活动，建立了全球生命教育资讯网站和相关人才资料库，发行了宣传广告影片，成立了资源中心学校，举办生命教育博览会，开发了两个单元的中学六年一贯制生命教育教材，而且还成立了生命教育委员会，提供近2亿元的生命教育经费等。除“教育部门”的行政支持外，还有社会团体、宗教团体与各基金会、协会的支持，学

---

[1] 云清，朱翠英．生命：国内外生命教育研究及其对我国的启示［J］．教育教学论坛，2012（8）：88－89.

术界专家学者的科研支持，以及20多个网络大众媒体的鼎力支持。❶

台湾前教育厅长陈英豪曾坦言："生命教育的目的，就是希望弥补现行教育制度中，偏重知识教育与理性教育，却忽略知识技能以外更重要的德性、艺术、人文之教育。使学生在受教过程中，不仅学习到知识技能，更重要的是因为有了生命教育的涵养后，知识技能可以成为社会的用处，而不是拿来戕害社会的工具。"❷ 台湾小学阶段的生命教育包括"生命的旋律"和"温馨你我他"两方面内容。国中部分包含敬畏生命、做我真好，生于忧患、应变与生存教育，敬业乐业，信仰与人生等内容。高中部分则包含良心的培养、人活在关系中、能思会辨、生死尊严、社会关怀与社会生命、全球伦理与宗教等内容。大学教育包括人生生死与宗教哲学、伦理学、人格统整与灵性发展、生命教育理论与实践等内容。这些生命教育内容以生命教育的目标为依据，结合了青少年身心发展的阶段性特点和日常生活事件，非常具有针对性和适宜性。❸

2.2　高校生命教育式微的原因

2.2.1　学校教育的片面性

首先，高校教育的片面性主要表现为工具性。在科学技术的巨大威力和人类功利追求的双重力量的共同作用下，工具理性成为一种普适性的文化取向被广泛认同。工具理性追求效率和价值无涉，漠视"人是目的"这一终极的文化价值观念，注重手段而非目的，

---

❶ 张华，张宗新．台湾学校生命教育及其对大陆高校生命教育的启示［J］．山东省青年管理干部学院学报，2009（6）：79－80.

❷ 台湾学者谈生命教育［J］．福建论坛（社科教育版），2005（9）.

❸ 张华，张宗新．台湾学校生命教育及其对大陆高校生命教育的启示［J］．山东省青年管理干部学院学报，2009（6）：79－80.

人成为科学的奴隶和技术的工具，被物化的人丧失了主体性，最终导致人与自然、人与社会乃至人与自身的分离。[1] 在现代技术文明社会中，教育越来越成为追逐利益的工具。

在相当长的时期里，我国教育曾经被认为是上层建筑，是生产力，教育培养政治人、经济人。这种片面的教育理念不恰当地强调教育的政治属性、社会功能，严重忽视了教育的充实自我、陶冶情操等个体性特征和功能。尤其是我国从1989年开始实行大学收费制度以来，大学教育产业化的身影一直在闪现。为了迎合市场的需求，高校需要按照一定流程批量打造标准化产品。在高校既定的产品打造流程之中，似乎很难为生命教育之类的人文学科留下充足的时间和空间。在这个流程中，教师和学生只是机械地执行人员和被加工的产品，而不是一个个活生生的生命体，学生被当做技术的工具来培养，不问怎样使他们成为一个完整的人。在这样的教育模式下，受教育者接受教育的最重要动机和目的当然是学一套谋生的技能，所以，当我们问一个大学生为什么要念大学时，我们很难想象他的答案会是“追求人生的道理”，他最多只会说“为了追求知识”，但是如果你再问他所追求的知识是做什么用的时，他只能告诉你是为了将来谋生用的。学生掌握了“何以为生”的知识与本领，却放弃了“为何而生”的思考，这可以说是教育的最大悲哀与堕落。[2]

在工具理性与实用主义思潮的影响下，大学教育忙着培养工程师、会计师、经济师、律师、教师等，忙着培养社会需要的各种人才，却忽视了教育过程中“人”的活动和“人”的感受，使得教育脱离了生命的本源。工具性教育不仅把教育当做社会的工具，还理

---

[1] 刘恩允，等．大学生生命教育研究［M］．北京：中国社会科学出版社，2012：81.

[2] 武晓婕．教育本真的探寻与复位——基于生命教育的视角［J］．继续教育研究，2013（4）：125.

所当然地把人培养成工具。工具性教育为把人培养成为政治、经济需要的工具，片面强调个体的社会化过程，而甚少顾及个体的个性和特色。雅斯贝尔斯在《什么是教育》中就严厉批判了对教育本质的误解，他指出："本来学生学习的目的是求取最佳发展；现在却变成了虚荣心，只是为了求得他人的看重和考试的成绩；本来是渐渐进入富有内涵的整体，现在变成了仅仅是学习一些可能有用的事物而已。本来是理想的陶冶，现在却只是为了通过考试学一些很快就被遗忘的知识。"正如西方学者达拉里所言："教育成为制造劳动者的一台机器，通过教育的塑造，人被变成追求物质利益的人，掌握生产技术成为受教育的全部目的，这样，人愈是受教育，他就愈被技术和专业所束缚，愈失去作为一个完整人的精神属性。"

其实这种现象并非我国独有，"据国际教育发展战略研究委员会副主席菲利浦·H·库姆斯说，在1967年第一次出现'世界教育危机'这一说法时，西欧的教育家不同意世界面临深刻的教育危机这一观点，认为教育危机只发生在发展中国家，但到1968年春，人们接受了这一说法"。[1] 这场世界性教育危机表现为[2]：第一，学校培养的人不适合社会需要。《学会生存》中指出，第二次世界大战后，教育领域出现了一种现象，即社会拒绝使用学校的毕业生；这种现象在一定程度上反映了教育体制自身存在的问题；反映了学校所教育出来的人并没有受到恰当的训练，不能适应社会的变化，不能满足社会的需要。第二，普遍存在不平衡与不平等。教育的不平衡和不平等不仅存在于发达国家与发展中国家之间、存在于同一个国家的不同地区之间，而且在教育系统内部也非常严重。如《学会生存》

[1] 陆有铨．躁动的百年——20世纪的教育历程［M］．济南：山东教育出版社，1997：467－468.

[2] 联合国教科文组织．学会生存——教育世界的今天和明天［M］．北京：教育科学出版社，1996：37.

中指出：我们的教育忽视了个人所具有的各式各样的表达形式和手段；不考虑各种不同的个性、气质、期望和才能，不考虑适合个人的特点；记分制没有考虑到一个人的进步；师生关系是统治者与被统治者的关系等。第三，教育的发展未能满足经济发展的需要。尽管在经济迅速发展的同时，教育也在发展，但是，教育的发展远未能满足经济发展的需要，“人们的兴趣集中于规定数量标准、训练专业和行政人员，以及建立行政管理机构”，而没有很好地考虑经济发展的动向对教育所提出的要求。英国哲学家伯特兰·罗素曾批评说，现代教育的弊端之一，就是太偏重于获得某些技能的培训，从而忽视了用公正观去开拓人类的心魂，结果造成在现代教育条件下，大学生人文精神的遮蔽和失落，大学生成为仅仅具有知识和技能的“准职业者”。

这样的情形在现代化强国——美国亦有，只不过美国和中国与其他国家又不尽一样。尽管美国也在培养大量的“准职业者”，但是其精英教育却是成功的，很少出现“半个人”现象。我国著名旅美学者薛涌在《培养精英》中对美国一般大学的实利教育和精英大学学生的成才之道有非常深刻的分析。在美国，大学的专业越来越实用，工具性很明显，传统的人文教育面临严重的挑战。以 2005 年为例，美国大学最受欢迎的专业竟是会计！这个结果多少让人有些吃惊。因为根据 2002 年的一项调查，从 1990—1991 年到2000—2001 年，美国大学会计专业的本科生和研究生人数加起来，从 59140 跌到 46555，下降了 21.3%。但是，从 2002 年到 2003 年全美会计学位的授予量却增加了 11%。佛罗里达国际大学（Florida International University）所开设的全美最大的会计课程，在 2000—2003 年学生人数增加了 43%。密歇根大学会计专业的硕士课程，过去 3 年里学生人数上涨了 76%。伊利诺斯大学的会计课程的本科生人数从 2001 年到 2004 年增长了 66%。1970 年，美国大学本科商务类专业仅占学士学位的

13.6%。1981年以后，这个比例上升到19.3%—24%。比如2002年是22%。也就是说，20%到25%的大学本科生（一年平均25万人）是在那里念生意经。相比之下，人文学科节节败退。英语专业1971年占学士学位的8%，到2002年下降至4%。历史专业1971年占学士学位的5%，到2005年仅为2%。外国语言和文学专业在学士学位中所占的比例，也从1971年的2.4%下降到2005年的1.2%。

但是美国的精英大学学生的人文素养却是另外一种情形。大学生往“虚”里学，得到的却是很大的“实”。薛涌指出越是精英的大学，那里的学生就越务虚不务实，人文学科的香火就越盛。以耶鲁大学为例，在过去25年里，历史一直是头号热门专业。历史专业的学生占本科生的13%到15%。史景迁[1]的中国史课程每年都有几百人选修，已经成了传奇。英语专业一直是四大热门专业之一，在20世纪90年代前半期还是第二热门的专业，后来被经济学和政治学超过。而耶鲁的经济学，是高度理论化的人文学科，不是实用学科。耶鲁根本就没有实用的经济（即商务）本科专业。哈佛大学前四大热门专业，第一是社会科学，选该专业的人数占本科生的48%；第二是生物，为10%；第三是英语，为8%；第四是心理学，为7%。普林斯顿的传统五大专业是政治学、经济学、历史、英语和国际关系，最近心理学上升，取代了英语，目前最热门的是政治学。传统上，46%的学生集中在这五大专业。最近学校努力推行专业多元化，已经初见成效。2005年，选择人文学科专业的学生上涨了15%，选择自然科学的学生上涨了7%。学生人数上涨率最快的全是人文学科的小系，依次为：研究古希腊罗马的古典系（100%），音乐系（100%），斯拉夫语言与文学系（60%），比较文学系（57%），宗

---

[1] 注：史景迁（Jonathan D. Spence，1936.08.11—），历史学者，著名中国史研究专家。

教系（52%）。同时艺术与考古、法文、意大利文、德文等系的学生人数也明显上涨。总的趋势显然和美国一般的大学正好相反：人文学科越来越热。

综上可以看出，似乎很多国家的大学教育很难避免片面性，也许这才是真实的世界，既有追求实用功利的，也有追求虚无永恒的；既有追求短平快的，也有追求高大上的。美国的智慧在于引领社会发展的精英是追求长远发展的一族，投身于“虚”，为的是长远的“实”。而在我国，引领社会的精英却是另外的情形。北京大学钱理群教授尖锐地指出：我们的大学，包括北京大学，正在培养一大批“精致的利己主义者”，他们高智商、世俗、老道、善于表演，懂得配合，更善于利用体制达到自己的目的。高智商和人文情怀的断裂，导致人们在逐利的行为中自然也就缺乏对人的关爱和尊重，缺乏对生命的敬畏和热爱。

其次，中学教育的片面性主要表现为应试性。以高考为核心目标的中学教育，无暇顾及或不能顾及应试知识教育之外的人文关怀，所谓的人格、个性、情感、道德、信仰等基本是在懵懵懂懂之中自我成长起来的，没有人关注那些成长是一种什么样的状态。很多高中学校实行军事化管理，学校不许带手机，也不能上网。甚至有些学校所在地的居民为了适应高考需求，都主动断掉网络，关闭网吧，把房子租给陪读的父母，一切都配合着孩子们的高考需求。学生每天不知疲倦（或者说不能疲倦）地遨游在题海之中，神经高度紧张，目标唯一且坚定，无暇他顾。请看网上流传的励志高考口号：只要学不死，就往死里学！提高一分，干掉千人！没有高考，你拼得过“富二代”吗？考过高富帅，战胜“官二代”！不拼不博一生白活，不苦不累高考无味！生时何必久睡，死后自会长眠。要成功，先发疯，下定决心往前冲！不像角马落后，要像野狗一样战斗！分数是硬道理，心态硬保障，做题是硬功夫，气势是硬标尺！2013 年高考前夕微博热传衡水二中的霸气高考标语：进清华，与主席总理称兄道弟；入北大，同大家巨匠论道谈经。这些高考标语一出，引起网友热议。在当前的高考体制下，在激烈的竞争中，各校各出奇招似乎情有可原，可是，在大家为“分数”而勇往直前时，生命教育、心理教育及健康教育等无疑都成了高考直通车上的多余物而不被提及。以至于考上大学后，有些孩子出事了，家长觉得不可思议，孩子在中学时多乖啊，怎么会这样？殊不知正是中学时期的片面教育积累了许多问题，中学没时间没机会爆发，自然就会在大学期间爆发了。大学里发生的一件小事都有可能成为压死骆驼的最后一根稻草！清华大学学生刘海洋一次又一次用硫酸将黑熊残忍烧伤，目的只是为了检验黑熊的嗅觉能力是否灵敏。为什么高智商的大学生会做出这样的事情？事后在记者对刘海洋的成长经历进行了采访，从中了解到，刘海洋一直生活在一个只有书本、课堂、考试的大学世界里，他没有什么爱好，没有朋友，不会交往，他连洗澡都要在家里，因为在学校洗一次澡就会把衣服弄丢。刘海洋是应试教育下的“高材生”，但却是一个低情商的缺乏正常道德判断的生活世界的“弱智儿”。忙着考大学，却弄丢了做人的基本，我们的中学应试教育为大学预设了很多问题。

预设了很多问题的中学教育是不为大学负责的，而大学却要为中学教育的弊端进行纠偏和买单。知识性的膨胀和精神性的萎缩，使得大学生并非我们所想象的那样——世界观、人生观、价值观基本成熟，有的甚至只是一片迷茫。情感发育不足和精神无所寄托使他们极易陷入精神迷茫和意义危机，从而产生自杀、伤人、践踏生命、游戏人生的现象。[1]

---

[1] 刘恩允，等．大学生生命教育研究［M］．北京：中国社会科学出版社，2012：77.

再次，小学教育的片面性主要表现为成人化。小学教育是义务教育阶段，比较重视学生各方面素质的发展，但是生命教育显然还是短板。我们可以从中国和英国的小学生守则对比中稍见端倪。中国小学生守则：1. 热爱祖国，热爱人民，热爱中国共产党。2. 遵守法律法规，增强法律意识。遵守校规校纪，遵守社会公德。3. 热爱科学，努力学习，勤思好问，乐于探究，积极参加社会实践和有益的活动。4. 珍爱生命，注意安全，锻炼身体，讲究卫生。5. 自尊自爱，自信自强，生活习惯文明健康。6. 积极参加劳动，勤俭朴素，自己能做的事自己做。7. 孝敬父母，尊敬师长，礼貌待人。8. 热爱集体，团结同学，互相帮助，关心他人。9. 诚实守信，言行一致，知错就改，有责任心。10. 热爱大自然，爱护自然环境。英国小学生守则也是 10 条：1. 平安成长比成功更重要。2. 背心、裤衩覆盖的地方不许别人摸。3. 生命第一，财产第二。4. 小秘密要告诉妈妈。5. 不喝陌生人的饮料，不吃陌生人的糖果。6. 不与陌生人说话。7. 遇到危险可以打破玻璃，破坏家具。8. 遇到危险可以自己先跑。9. 不保守坏人的秘密。10. 坏人可以骗。由上所述可以看出中国的小学生守则政治性强、各项规定比较宏观抽象，道德教化的价值取向非常明显，不利于小学生理解。而英国的小学生守则充满着平安、安全的主题，若干禁止性规定明确告诉小学生什么可以为，什么不可以为，非常符合小学生的理解能力。其实孩子们对玩耍的兴趣远远超过其他的一切，太多空泛的说教他们不懂，太大的期望会窒息他们的心灵。2013 年 10 月 30 日傍晚 6 点多，成都市翡翠城小区四期一名 10 岁男孩从自家住宅楼上坠落身亡。孩子是成都某小学五年级学生，因朗读比赛时说话被老师留下体罚，并被要求写 1000 字检讨。孩子语文书上写着“老师我做不到，跳楼时我好几次都缩回来了”。鲜活的生命瞬间陨灭只是父母家人和学校教师的痛吗？

教育应该符合孩子的天性，符合孩子成长的自然规律。有关数据显示，自诺贝尔奖设立以来，德国人（含移民他国的德裔）获得诺贝尔奖的人数将近是总得奖人数的一半。就是说8200万的德国人分享了一半的诺贝尔奖，而剩下的一半是被全球另外的60多亿人口分享的。联邦德国《基本法》在第七条第六款有明确的规定：禁止设立先修学校。因为他们认为孩子在小学前的唯一任务就是“快乐成长”，所以他们是禁止学前教育的。他们认为孩子的智力被过度开发并不是一件好事情，因为那样会占用大脑的想象空间。过多的知识会让孩子的大脑变成计算机的硬盘，长此下去，孩子的大脑就慢慢地变成了储存器，不会主动思考了。而我们的很多孩子从幼儿园开始就奔波于各种技能班，尤其是奥数班苦了无数的孩子和家长。这些课外班养肥了许多培训机构，可是孩子们却远离了阳光和雨露，丢失了童趣。

2.2.2　家庭教育的复杂性

家庭是被婚姻、血缘或收养的纽带联合起来的人的群体，各人以其作为家长、夫妻或兄弟姐妹的社会身份相互作用和交往，创造一个共同的文化。父母与子女的血缘关系、供养关系和情感维系着彼此的永远。所以说家庭教育具有终生性，它贯穿人的整个生命历程。在父母与子女的家庭接触过程中，家长除了有意识或无意识地以自己的言行影响子女，或创造条件培养子女，处理感情交流和沟通外，更主要的是在潜移默化中灌输某种社会价值观取向。有研究表明，“80%以上的12—14岁的青少年对他们的父母评价很高，60%的人想成为他们父母那样的人，75%左右的人说父母总是在帮助他们”。[1] 从中可以看出家长对子女有很大的影响和制约作用。李

[1] 杰弗里·阿内特．青少年心理学［M］．段鑫星，等，译．北京：中国人民大学出版社，2009：134.

开复在《做最好的自己》中写到："我的头脑是在美国的30余位师友、同仁和领导的教诲与栽培……；而我的心灵则深深地烙着中国传统文化的印记，是我的父母在我小时候用以身作则的方法培养和塑造出来的。"❶

我国传统文化中家庭教育的思想非常丰富。北齐颜之推在他的家庭教育专著《颜氏家训》中指出："夫同言而信，信其所亲；同命而行，行其所服。禁童子之暴虐，则师友之诫，不如傅婢之指挥；止凡人之斗儿，则尧舜之道，不如寡妻之诲谕。"❷ 家庭成员之间的情感起着巨大的感化作用，这种感化作用往往达到出其不意的教育效果。司马光在《温公家范》中也指出家庭影响的重要性，"为人母者，不患不慈，患于知爱而不知教也。古人有言曰：慈母败子，爱而不教，使沦于不屑，陷入大恶，入于刑辟，归于乱亡。非他人败之也，母败也"❸。当然长期以来我国家长制的思想亦很盛行。"父为子纲""事亲为大"是亲子关系的核心成分，家长在家庭中具有绝对权威，拥有支配子女的权利。这种亲子关系模式中，下一代对上一代言听计从，子女无独立人格，不存在个人意志。这些传统思想对今天的家庭教育有着根深蒂固的影响。❹

正是受中国传统"光宗耀祖"思想和现实社会竞争激烈的影响，为了自己的孩子在将来的社会竞争中处于不败之地，过上更好的生活，父母会对孩子提出很高的要求。2001年中国、日本、韩国三国联合进行的"关于家校合作与青少年发展"的问卷调查中，"被调查的550名中国家长，有42%希望孩子读研究生，而日本和韩国只

---

❶ 李开复. 做最好的自己［M］. 北京：人民出版社，2005：251.

❷ 颜氏家训［M］. 北京：燕山出版社，1997：20.

❸ 盛华中. 中华传世绝学·古训绝学［M］. 济南：济南出版社，2002：38.

❹ 林碧英. 家庭教育研究［M］. 南昌：江西高校出版社，2004：266.

有1.6%和24.7%”。从中可以看出中国父母饱受“万般皆下品，唯有读书高”思想的浸染，并把沉甸甸的期望压在孩子的身上。

另外，当前市场经济下社会主体多样化，价值取向也呈现多元化。家庭教育的价值追求也表现为多元的特征。在这些复杂多元的价值取向中，有些可能与社会长期的整体利益相违背。许多家长向子女灌输追求个人地位、权利、利益、金钱、实惠的思想，教孩子与同学相处多占便宜少吃亏，教孩子如何“适应”社会，甚至教孩子如何取巧，如何钻营。有的家长告诉子女“做事要圆滑，千万不能得罪人”，还有的家长在学生入学前就做好让其毕业即改行的准备，还有的家长向孩子灌输毕业后到国外去，到外资企业去，到挣钱多的地方去，为了达到目的甚至不惜采取各种手段。在父母的教育和感染下，大学生的价值取向日益功利化，价值目标短期化。有关大学生思想状况的调查表明：在对商品社会中金钱的看法调查中，认为“有钱能使鬼推磨”的占15.24%，认为“金钱并非万能，但没钱办事不行”的占43.30%。[1]

价值取向的多元化也日益解构着传统的家庭结构，其中最重要的变化就是家庭的稳定性正遭受前所未有的冲击，原生家庭不断解体。“统计数据显示，从上世纪（20世纪）70年代末开始，我国离婚人数和离婚率持续上升，近5年来增速明显，增幅高达7.65%。去年，全国120多万对夫妻喜结连理的同时，196万多对夫妇劳燕分飞。目前，北京、上海的离婚率已超过1/3。” “从年龄结构看，22—35岁人群是离婚主力军。”[2] 家庭的变故对孩子来说是最大的伤害，同时父母也会因为家庭的问题在对子女的教育方面出现认识偏

---

[1] 栗红霞．大学生思想状况调查分析与对策［J］．党史文苑，2010（1）：62.

[2] 资料来源：http//news. sina. com. cn/c/2011/06/02

差。研究结果显示在某些单亲家庭中，父（母）亲对其子女有一种补偿心理，可能对子女有过分的保护和宠爱，不愿意培养子女艰苦奋斗的精神，舍不得让子女吃苦，替子女包办代替，以此来弥补子女失去完整家庭的缺憾；另外家长由于受到失败婚姻的打击，可能缺乏一种积极健康的生命价值观。有研究显示某些离异的单亲家长，以及时享乐的腐朽人生观以及片面讲求相互利用的消极价值观来教育子女的情况要多于双亲家庭。[1] 家庭中父母关系的紧张、家庭氛围的阴郁、亲子关系的疏远势必给子女的心灵带来不利的影响。有些孩子在大学里出现问题，追根究底，与家庭的破裂有很大的关系。

2.2.3 生命个体的迷茫

进入大学，曾经巨大的学习压力顷刻烟消云散，曾经在高中阶段被挡在校门之外的各种诱惑、各种烦恼也纷至沓来，大学生一时有些迷茫，有些难以适应。

首先，网络的潘多拉之盒是彻底地被打开了，大学生再也不用担心家长的跟踪和老师的唠叨，放心地在互联网上遨游。在获得种种满足和快乐的同时，面对网上良莠不齐的海量信息，大学生产生了选择的困惑。面对现实世界、理想世界和虚拟世界的碰撞和冲突，他们无所适从，禁不住某些信息的诱惑，深陷其中不能自拔，较为严重的则演变为心理危机，甚至出现生命危机。近年来，自杀网站利用 QQ 聊天工具相约自杀的出现，更是令人触目惊心。正是如此纷繁复杂的社会环境，“在我们这个时代，从某种意义上，孩子成了社会上最忙碌、最忧愁、最痛苦的人，成了社会上玩得最少的人，

---

[1] 孙莹．家庭生命价值观教育与大学生生命价值观的相关研究［D］．重庆：西南大学，2007：41.

这无论如何是一种荒唐悲哀的现象”。[1]

其次，在各种专业知识的学习过程中，由于大学教育工具性价值取向的影响，大学在传授科学技术知识的过程中，出现了科学知识观对文化价值观的排斥，由此也造成大学生价值观的混乱。“科学使人四海为家，但从此使人失去了‘家’而四处流浪；科学使人‘四海之内皆兄弟’，但亦使人举目无亲，甚至六亲不认；发达的科学媒体使地球变成了一个‘村’，但也在许多人的心灵间铸起了一座座冷漠的冰山。”[2] 现代社会，科学技术的发展使得人类对自身生命的认识与教育存在着一种“化约性思维”，首先把人的生命化约为一般生物性生命，再化约为碳水化合物，最后化约为基因，并证明人们的体魄、性格、疾病、能力等都先天地取决于此，这样一种科学主义生命观让人们尤其是青少年养成化约性的生命观，即从物质、生理、身体也就是实体生命的角度来认识人类生命的整体；而且，现代化的生活方式又无不无限放大着人们的感觉、欲望的重要性，逐步养成许多人从生活感觉的方面认识自我的生命。于是“跟着感觉走”“只要我高兴有什么不可以”的人生观便流行起来。因此，许多青少年“杀”自己毫不迟疑，“杀”别人也毫不犹豫，因为这不过是放弃了一堆“碳水化合物”而已，只不过是减少了一些基因罢了。[3]

再次，迅速蔓延的大众文化进一步消解了大学生对传统、高雅和主流价值的执著。大众文化“在全世界掀起了一场狂飙，使得处于焦虑、困惑、孤独、迷茫、萎靡不振的人们找到了精神的寄托和

---

[1] 王彬彬．独自与驳诘［M］．天津：百花文艺出版社，1999：58.

[2] 张正明．现当代人类的生存状态与人性批判［J］．云南社会科学，2002（4）：30.

[3] 何仁富．大学生生命教育论［M］．北京：中国广播电视出版社，2010：25－26.

心灵的慰藉，找到了宣泄情感的方式和解除孤独的手段，找到了消磨时间的途径和忘却烦恼的出路”。[1] 但是大众文化奉行的价值尺度不是提升青少年的生命价值，而是迎合青少年的消费欲望和感官满足，让他们在眼花缭乱的追星、网恋、科幻、电子游戏等文化消费行为中获得暂时的满足，但欲望并不能让欲望得到终结，相反，欲望会滋生更多欲望。2013 年广西师范大学出版社在网上搞了个“死活读不下去排行榜”，在对近 3000 条微博微信的意见进行统计之后，得出了一个令人瞠目结舌的结论：《红楼梦》高居该榜榜首，是读者们吐槽最多的“读不下去”的书。不仅如此，在这份榜单前 10 名中，中国古典四大名著尽数在列，此外还有《百年孤独》《追忆似水年华》《尤利西斯》《瓦尔登湖》等外国名著也“不幸”跻身前 10 名之列。[2] 经典的美好被人们封存在记忆的最深处，人们更多地从实用主义、经验主义、功利主义和快乐主义的层面去思考问题，而不去寻求超越现实利益的生活意义、理想价值、信仰与终极关怀，人的生活表层化、实利化、短暂化，人对自我的认识与关怀只服从逐物的需要，不再去思考那些具有永远意义的价值。

当青少年淡漠了对生命的敬意和珍惜，把生命也当作物品之后，他们就可能随手丢弃生命。他们在人生过程中只在意生活的感觉，而体验不到生命存在的性质和意义，轻贱生命，用放弃生命的方式来解决生活中的问题。于是，我们看到了“学识渊博的怪物、多才多艺的变态狂、受过高等教育的屠夫”，青少年群体暴力事件、犯罪

---

❶ 刘济良．论我国的青少年价值观教育［M］．广州：广东教育出版社，2003：142.

❷ “死活读不下去排行榜”哪些书“不幸”跻身前 10 名［EB/OL］．人民网，2013－06－25.

事件、吸毒乱交事件，乃至自杀事件，频繁地见诸电视广播。❶1948 年梁思成在清华大学曾以《走出半个人的时代》为题发表了精彩的演讲，呼吁清华人和国人走出半个人的时代。当前缺乏心灵教育的时代似乎又在重演。“半个人”的教育培养出的青年往往因利失理、因理丧情、因情丧失人之整体，忘记了人的全面价值和生命的整体意义，成为“单面人”。❷

2.3　大学生生命教育的着力点

大学生生命教育的着力点也就是大学生生命教育主要强调和关注的内容方面，目前学术界争论较多。有人认为大学生生命教育应包括生命意识教育、忧患意识教育、和谐意识和奉献意识教育；有人认为大学生生命教育包括尊重生命的教育和发展生命的教育；有人认为大学生生命教育包括生命存在观的教育、生命独特观的教育、生命品质观的教育和生命超越观的教育：总的来说各有其特点。但是无论大学生生命教育由哪些内容组成，这些内容都应该体现生命存在、生命神圣、生命尊严、生命挫折和生命价值的思想。

2.3.1　夯实生命存在教育

天地间最富有灵性的是人，有了人，才会有一切，或者说就拥有了一切的可能。尽管我们反对绝对人类中心主义，但是世界是属人的存在，这一点是没有疑问的。所以说大学生生命教育首先要肯定和强调生命存在的教育。生存本身是生命的本然状态，“生存”是“自明性”的先在，人的“生存自明性”赋予了人的“自我合目的

❶ 张卫宇．生命教育理念下高校人才培养的新思考［J］．继续教育研究，2011（12）：192－194.

❷ 王北生，等．生命的畅想——生命教育视域拓展［M］．北京：中国社会科学出版社，2004：5.

性”的逻辑起点。人只有立足于自己的“生存”才能正确理解生命问题。存在主义思想“把鼓励个人的非理性意识活动当做最真实的存在，并作为其全部哲学的出发点”。❶ 他们认为世界是荒诞的，人与世界的关系也是荒诞的，只有人的存在是唯一、可靠的实在，因此强调对人的存在进行研究；认为“存在先于本质”，每一个人都必须先存在，然后在自己的存在中创造自己的本质，体现自己的本质，认识自己的本质，因而强调自我设计、自我创造、自我实现；强调人的主体性，认为每一个人都是自在的；强调人的感情和主观意志以及个体存在的独特性，认为真理不外是“存在的真理”，知识和理性只是人存在的工具；认为人是自由的，人就是自由，但是这种自由不是抽象的，它与人的现实存在并存，与人的责任感并进；否认任何道德规范，主张由每个人自己去创造自己的道德规范。❷

存在主义以人为中心，尊重人的个性和自由，强调人的独特性，强调人与人之间独特的主体关系，这对于尊重学生的主体地位、维护学生的尊严和弘扬学生的个性，具有重要的意义。当然“存在先于本质”的思想把人的本质和人的存在割裂开来，把孤立的个人的非理性意识活动当做最真实的存在是有其局限性的。但是，对于从中学的激烈竞争中解脱出来，而又进入大学的不安和迷茫之中的大学生来说，强调生命存在的教育，尤其是帮助大学生在当前浮躁的社会氛围中找到真实的并且是适合的存在感是非常必要的。

2.3.2 强调生命神圣教育

生命神圣论古已有之。“天地之性，人为贵”，人是世界上最宝

---

❶ 谭鑫田，等．西方哲学词典［M］．济南：山东人民出版社，1992：80.

❷ 吴式颖，任钟印．外国教育思想通史：第十卷［M］．长沙：湖南教育出版社，2002：172.

贵的。《黄帝内经》亦认为：“天覆地载，万物悉备，莫贵于人。”我国古代著名思想家荀子亦说过：“水火有气而无生，草木有生而无知，禽兽有知而无义；人有气、有生、有知亦且有义，故最为天下贵。”西方最早的医德文献《希波克拉底誓言》里也讲到“我要保护自己生命和技艺的纯洁和神圣”。《圣经》里讲，人是上帝按自己的形象造出来的，使他们管理海里的鱼，空中的鸟，地上的牲畜，和全地并地上所爬的一切昆虫。上帝就照着自己的形象造人，乃是照着他的形象造男造女。人既是按上帝的形象造的，在一定程度上就分有了上帝的“神圣性”。另外，人类早期由于自然科学不发达，人们对生命的诞生、发展、死亡的原因一无所知，产生了灵魂不死、轮回转世等宿命论观点，将生死归结为“天命”“神意”等。如毕达哥拉斯派就认为“灵魂轮回”，并且是在人、动物、植物之间轮回，柏拉图认为灵魂不死；基督教和佛教都有灵魂不死、死后上天堂或下地狱等的观点；孔子曾主张“生死有命，富贵在天”；等等。因此，生命现象十分神秘，人无法干预，也不能干预。只有神才能干预，神可以因惩罚而让人病死，以显示正义；也可以因慈悲和显示其大能而让人起死回生。生命只受神的干预，因而神圣。❶

现在由于科学技术的发展，我们在一定程度上解密了生命的诞生、发展和死亡，也恰恰是因为这些，我们更加坚定了生命的神圣性。因为从精子和卵子的艰难相遇、母亲的十月怀胎到一个健康生命的呱呱坠地，期间是多么的不平凡和不容易。并且每一个生命在这个世界上都是独一无二的，是不可复制的。生命神圣的根基还在于人具有“属人的”知识、情感、意志；在于人的主体性和创造性；在于人因此而具有的潜在的和现实的价值；在于作为道德主体的人所具有的特定意义的人格和尊严。荀子曾说：“人力不若牛，走不若

❶ 程新宇．试析生命神圣论［J］．医学与社会，2003（2）：26－27.

马，然牛马为用，何也？曰：人能群，彼不能群也。”单纯的人的生物学生命是没有什么神圣可言的。生物学生命只是作为社会学生命的载体而具有神圣性。

生命是神圣的，所以不容侵犯。除了国家司法机关有权依据严格的法律程序剥夺他人的生命外，其他任何人、社会组织和团体都无权剥夺他人的生命。生命是至高无上的，人们有维护生命、尊重生命、敬畏生命的神圣义务。任何轻视生命权利，践踏生命尊严的言论和行为都应该受到谴责或者是法律的惩处。当前社会上发生了一些践踏人的尊严的事件，比如2013年5月31日一则名为《实拍：延安城管暴力执法，双脚跳起爆踩男子头部》的视频在网络上被大量转发激起一片指责之声。一些轻视生命践踏生命尊严的行为令人不齿，并在社会上产生了极坏的影响。而一些学生的行为更让人感叹我们的教育真的很缺乏对生命神圣和生命尊严的教育。2009年一段“温江某中学女生打人”的视频在多个视频网站被疯狂点击。在这段长约5分27秒的视频中，7名女生轮番对另一名女生扇耳光、殴打、踹脚。为什么这些孩子如此残忍地对待别人的生命？相信每个人都会本能地珍惜和保护自己的生命。我们一定要推己及人，别人的生命也是要认真呵护的。如果任意践踏别人的生命权利，那也许下一个就会轮到自己！曾经看过一个报道说毒瓜子制造商的孩子因为在家嗑瓜子而中毒了，看后哑然更凄然。也许我们会说自作孽不可活！也许有人会说为什么不告诉孩子别吃家里的瓜子呢？这能解决根本问题吗？我们能告诉孩子说别喝有毒的奶粉，别喝有毒的水，别吃有毒的大米饭等，那请问我们还能吃什么？我们能避得开吗？社会是一个联系紧密的统一体，制造有毒大米的人也许正喝着有毒的牛奶呢！问题的根源在于很多人不择手段捞钱，而丧失对生命的敬畏和关爱，他们漠视生命、践踏生命，所以说，问题的解决关键在于全民必须有生命神圣、尊重生命的意识。坚持尊重生命、爱护生命，从自己做起，从小事做起！

2.3.3　充实生命挫折教育

挫折是人生的调味剂。月有阴晴圆缺，人有旦夕祸福。人生从来不是一帆风顺的，既有高峰时的荣耀无比，也会有低谷时的沮丧痛苦。个体的生命体验不仅有愉悦、幸福的人生体验，还有生活中的重大挫折、苦难、逆境甚至是死亡的威胁。挫折对任何人而言都是不可避免的。认同挫折是一种成熟的人生状态，认同然后才能淡定，才能超然。

挫折尽管总是与痛苦同行，但是经历风雨之后的彩虹才会更加灿烂夺目。挫折带来的负性体验并不都是有害的，挫折有时会成为生命的一道养料，让生命在挫折中变得更坚强更成熟。曾经有这样一个故事被人们广为传播：一个农场主为方便拴牛，在庄园一颗榆树的树干上箍了一个铁圈。随着榆树的长大，铁圈慢慢地长进了树身里，榆树的表皮留下一道深深的伤痕。一年，当地发生了一种奇怪的榆树病，方圆几十里的榆树全部死亡，唯独那颗箍了铁圈、留下伤痕的榆树却存活下来。为什么这棵榆树能幸存呢？植物学家对它产生了兴趣，于是组织人员对它进行研究。结果发现，正是那个给它带来伤害的铁圈救了它，它从锈蚀的铁圈里吸收了大量铁，所以才对真菌产生了免疫力。在别的榆树遭受灭顶之灾时，这棵树却充满生机和活力。不仅是树，人也是如此，挫折可以打败人，也可以成为丰富人生的一种养料。

只有在面对苦难和死亡，体验生活的失意中才能更好地体会到生命的脆弱和不可逆转，进而敬畏生命。心理学家弗兰克认为：“对于人生的绝大多数时光而言，生命是平淡的，这种平淡往往掩盖了生命意义的真实显现。因此对于一个一帆风顺的人而言，只有当他面临死亡时，才会从内心深处真正领悟生命对自己的意义。所以启迪人的经验或令人发现生命的意义，常常是在生命受到威胁之时，或者是在经历极不平常的事件之时。”当青年人身处这些痛苦与灾难中仍然能够自觉地选择某种道德及利他的行为时，他便无形中把痛苦与灾难转换成了某种人生的成就；因其有此成就，而使他在痛苦与灾难之中获得了意义与价值；因其有意义与价值，而使他有了活下去的愿望与追求；因其有了这样的愿望与追求，他就有可能在最艰难的处境下、在最最痛苦的状态里生存下去，从而使自我的生命保有了尊严。因此，德育工作者应教会学生“向死”而思生，挑战苦难而获取欢乐，使人生活得充实而精彩。❶

相比于认同挫折，真正经历挫折才是痛苦的过程，所以说如何对待挫折是一个重要问题。一直以来我国在批判“棍棒教育”的同时，大力提倡赏识教育，强调鲜花和掌声的作用。大学校园里经常在大学生耳畔响起的是成功学的美妙，而失败学似乎被人不屑或者是不愿提及，人为地被遗忘了。所以说这样的人生教育失衡了。高校应该在强调成功励志的同时，跟大学生多谈一些人生的失败和痛苦，多反省人生。苏格拉底说：“没有经过反省检讨的人生，是不值得活的。”这种反省和检讨预示着人的一生需要经历各种挫折和考验，每一次的挫折与考验都必是经过反省和检讨，人们才能从中学习、领悟到生命的真谛。尼采说，“做一回你自己的检举人和刽子手吧，将你所受的苦当做你施于你自己的惩罚，欣赏你做法官的权威；更进一步的，欣赏你的意愿，你的暴君式的为所欲为！超越你的生命如同超越你的痛苦一样，俯视一切根据以及他们的不能成立”。反省的同时要学习一点辩证法，关于成功与失败、幸福与痛苦、祸与福的辩证法，帮助我们把握方向，穿越挫折和痛苦。比如：“祸兮，

---

❶ 姚冬梅．论生活的意义与德育的使命［J］．思想政治教育研究，2010(2)：96.

福之所倚；福兮，祸之所伏”“置之死地而后生”，还有“天将降大任于斯人也，必先苦其心志，劳其筋骨，饿其体肤，空乏其身，行拂乱其所为，然后知生于忧患而死于安乐也”。古人都用自己的经验和阅历深刻剖析了所谓的“祸”于人的一生中所充当的角色。福与祸、好和坏都是可以相互转化的。我们不能固化对于“祸”的认识，应该多想想否极泰来！

2.3.4　重视生命价值教育

在哲学中，价值的一般本质在于，它是现实的人的需要与事物属性之间的一种关系。某种事物或现象具有价值，就是该事物或现象能满足人们的某种需要，成为人们的兴趣、目的所追求的对象。“马克思主义认为，人既是价值物的创造者，又是价值的消费者和享受者，社会物质财富和精神财富的不断丰富以及人类消费能力的不断提高，是人的个性形成和全面发展的一个重要条件。只要不把消费享受本身作为目的，它就会作为人们参加和进行创造活动的必要条件，成为实现人生价值的必要手段。作为个人，应该适当地利用社会所提供的各方面条件，如进行正当而适度的消费，得到他人和社会的尊重，参加生产劳动、体育锻炼、智力训练，应尽可能地创造物质文化条件，尊重和满足个人的合理要求。”❶ 人是天地间唯一的价值创造者，所以“人命至重，有贵千金，一方济之，德逾于此”，我们首先要肯定和重视生命本身的价值。

当前学术界对生命价值的探讨很多。比如有人认为生命价值是个体生命对于个体自我及社会需要的满足，它是自我价值与社会价值的辩证统一。有人认为生命价值观是从生命的特性出发，从整体

---

❶ 廖盖隆，等．马克思主义百科要览［M］．北京：人民日报出版社，1993：2080.

上进行把握生物性生命价值观、精神性生命价值观和社会性生命价值观。生物性生命最大的特性就在于生命的可贵性和不可重复性，人应该认为所有生命，包括人的生命和一切生物的生命都是神圣的，都拥有同样的生命起源；善是保存生命，促进生命，使可发展的生命实现其最高的价值，恶则是毁灭生命，伤害生命，压制生命的发展。拥有精神性生命的人才成为真正的人，在这世上有意义地生活着。精神性生命的最大特征在于生命不断的生成性、包容性、超越性和开放性，正因为有了精神性生命价值观，人才在当下诗意地活着。社会性生命是精神生命在社会领域和应用层面的延伸，是个体生命的社会化过程。社会性生命的价值观应该是自立生存的价值观和共同生活的价值观。[1]

生命价值在于在成就自我价值的同时，不舍弃社会价值，必要时可以杀身成仁。正如孟子所言：“鱼，我所欲也；熊掌，亦我所欲也；二者不可得兼，舍鱼而取熊掌者也。生，亦我所欲也；义，亦我所欲也；二者不可得兼，舍身而取义者也。生亦我所欲，所欲有甚于生者。故不为苟得也；死亦我所恶，所恶有甚于死者，故患有所不辟也。”孔子曰：“志士仁人，无求生以害仁。有杀身以成仁。”儒家这两位圣人的经典论述被后人概括为“杀身成仁，舍生取义”。我们不能妄自菲薄，要积极地活出自己生命的一片灿烂天空，但是民族、国家、社会大义是我们生命价值的最美绽放。

生命的价值还在于生命的质量，不在于生命的长度。中央电视台《焦点访谈》栏目曾介绍过一个叫李欢的女孩，她得了一种叫进行性肌肉营养不良的先天性疾病。这种病被医生确认为不治之症，一般患此病的人都活不过青春期。然而，李欢却是个奇迹，她和同

---

[1] 孙莹．家庭生命价值观教育与大学生生命价值观的相关研究［D］．重庆：西南大学，2007：3－4.

龄人一样6岁上小学，初中有一半课程是边住院边自学的。现已上大学的她回顾走过的路，感慨万分“尽管随时有死亡的危险，但我不怕。生命的长短并不重要，重要的是生命的质量”。身患重疾的李欢尚且可以活得如此精彩，而有些身体健康的大学生却是一路走来磕磕绊绊、跌跌撞撞，甚至中途退出人生大舞台，让人扼腕不已。《解放日报》在2009年4月22日发出报告：“上海市教委首次向社会通报高校学生安全情况。2008年，上海市在校的全日制本专科生、研究生共计59.84万人，共发生各类安全事故63起，涉及在校大学生73人，造成55人死亡，18人受伤。其中自杀23起；突发疾病致死15起；故意伤害事件7起；其中5起为三人以上斗殴事件。”他们或者因为意外，或者因为恋爱、学业、家庭、疾病、就业出现问题而产生悲观消极的情绪和心理，对自己的前途和命运产生怀疑，有的还会质疑自身生命存在的价值而累及生命，有的甚至因为嫉妒而同室操戈。其实，参天大树当然有伟岸之美，但路边的小花也自有芬芳怡人。马斯洛认为人都有自我实现的本能，有一种使自己趋向于更健康、更道德、更智慧、更美好和更幸福的积极倾向，所以应建立一种“强调人的潜力之发展；强调人要理解自己和他人、并与他人很好相处；强调满足人的基本需求；强调人向自我实现的发展”的人本主义教育，这种教育将帮助“人尽其所能成为最好的人”。[1] 在这方面我们任重而道远。

[1] 弗兰克·戈尔布．第三思潮：马斯洛心理学［M］．吕明，陈红雯．译．上海：上海译文出版社，1987：76.

第3章　大学生性教育：不容忽视

天下哪个偶傥少男不钟情？天下哪个妙龄少女不怀春？

——歌德

教育部2005年3月29日正式公布新修订的《普通高等学校学生管理规定》，该规定撤销了原规定中“在校学习期间擅自结婚而未办理退学手续的学生，作退学处理”的条文，对学生能否结婚不再做特殊规定。国家人口计生委、教育部、公安部2007年7月9日联合制订出台的《关于高等学校在校学生计划生育问题的意见》指出，已婚大学生合法生育可办理休学手续，各高校不能以生育为由要求其退学。尽管高校认为大学生应该以学业为重，不鼓励大学生在校期间结婚和生育，但是，关于大学生结婚生育的非禁止性规定在大学生中产生了巨大的影响。目前，我国高校各级各类学历教育学生多达3000多万，这一庞大群体在性健康、生殖健康与避孕节育方面暴露出来的问题相当严重，高校关于大学生婚恋、性生理、性心理、性健康、生殖健康等方面的教育应该加大力度。

3.1　性教育

性的需求乃人之本性，无法回避。孟子曰，“食色，性也”，“男女居室，人之大伦也”。《礼记·礼运》中也有“饮食男女，人之大欲存焉”之语。荀子也曾曰：“今人之性……生而有耳目之欲，有好声色焉，顺是，故淫乱生而礼义文理亡焉。”从古人的论述可以看出一个矛盾，一方面强调性的需求乃人之本性，另一方面又说“欲生淫，淫生乱，乱而礼亡”，“性”之危害甚大。是以一些宗教具有强烈的禁欲倾向。在基督教看来，人类“原罪”与苦难之源在于性的犯罪，性犯罪使人的灵魂禁锢于肉体之中而得不到解脱，这是人类灵魂救赎的最大障碍。性的需求能使人上天堂，也能使人下地狱。为了避免下地狱，所以要好好地引导和控制人的性欲望和性需求，这对于正值青春年少的大学生来说尤其重要。

性教育是发展教育，也是终生教育，它是需要科学精神与人文精神的紧密结合才能完成的教育，是整个教育中非但不可缺少而且尤为重要的组成部分。当前世界上主要存在两种性教育模式：一种重视性道德教育，即关于性的价值观方面的教育，另一种强调避孕和预防艾滋病等为主的教育，即关于性知识的教育。前一种性教育是以人格（道德）为基础的性健康教育，这是有导向的性教育，也称“婚前禁欲”或“性纯洁教育”。第二种性教育，即以避孕和预防性病、艾滋病知识为基础的性教育，这是无导向的性教育，也称“综合性性教育”。前者强调性道德，或者是宗教教义中关于性的种种规定，明确反对青少年的婚前性行为；后者重视性知识的传播，着重介绍避孕和预防性病的知识，甚少提及婚前性行为的社会危害，注重人的生物属性，比较忽略人的社会属性。

显然，这两种性教育模式各有其特点，如果只抓其中一种而放弃另一种，都是非常片面的。就我国而言，基于传统文化的影响，长期以来我们的性教育是一个禁区，也是一个雷区，以为性是不能或是不好意思搁上台面来讨论的，当然关于性知识的传播也很少。孩子们的一道简单问题“妈妈，我是从哪里来的?”愁坏了很多爸爸和妈妈，憋出了很多可笑的答案。在忌讳谈性的氛围中我们的性道德是鲜明地反对婚前性行为和婚前同居的。但是改革开放以来，西方的所谓“性解放”“性自由”等思想大量涌入，传统的性教育受到严重挑战。传统保守的性观念与开放的性观念之间的巨大反差和矛盾冲突，使得不少大学生在“性隐晦”和“性解放”“性自由”的冲击之下无所适从。特别是互联网出现后，它逐渐成为青年获取性知识的重要渠道。商业网站的逐利动机使得互联网上的黄祸大有横行之势。这些以“性科学知识”为幌子的、扭曲的、似是而非的甚至是有害的传播，会使对“性”有强烈好奇心的青年误入歧途。当前我国学校的性教育主要还是停留在精王子和卵公主故事的动漫化阶段，基本还是“性纯洁教育”导向；但是互联网关于性传播的乱象却是学校教育无法导向的，网络本身的隐匿性和低门槛使得社会道德的批判很难发挥社会功能，并且还容易解构学校性教育的效果，所以说，为了避免大学生——互联网的忠实用户兼主体力量滑入“性”的迷途，高校加强对大学生的性教育刻不容缓。我们既要重视性道德教育，即关于性的价值观方面的教育，也要强调避孕和预防艾滋病为主的教育，即关于性知识的教育。双管齐下才能收到更好的教育效果。

同时，家庭的性教育也应该与时俱进，不应该再用隐晦的方式来回答孩子“我从哪里来”一类的问题。事实证明大学生进入大学之前在家庭中接受到的性教育非常贫乏。前几年北京市妇联对北京5个区的1500个家庭做了调查。调查显示：父母对孩子进行性教育的方法存在很大问题。有74%的父母没有意识到应该适时对孩子进行性教育。当孩子向父母问及关于性方面的问题时，有50%的父母告诉孩子长大后就知道了，能够给孩子进行比较深入讲解的只占3%。而另一项调查表明，目前中国青少年的犯罪数量占总犯罪数量的70%，其中有30%是性犯罪。其中，婚前性行为普遍、性病和艾滋病蔓延、少女怀孕增加是目前青少年性健康教育面临的三大难点。

调查显示：中国青少年性知识的主要来源是书籍、宣传单和杂志，来自母亲的只有3%，来自父亲的更少，只有1%。[1] 这些信息表明，我们的学校、家庭对孩子们欠了很多性教育方面的账，大学阶段是给孩子们补课的好时期。

3.2　大学生的性观念与婚育观念现状

3.2.1　大学生性观念比较开放

根据近十多年很多专家在不同高校所做的调研可以得出大学生性观念比较开放的结论。首都师范大学高德伟教授2001年主持的全国大学生性健康状况调查结果显示："对性自由和性解放认为'应提倡'和'不反对也不赞同'的各民族学生均超过60%，承认自己有性伴侣的男大学生有9.7%，女大学生有5.4%。"另据中南大学郑煜煌教授2003年主持的对湖南省四所高校理、工、医、文各专业1999级和2000级大学本、专科学生的问卷调查结果显示："825名调查对象中，超过50%的大学生同意婚前性行为，超过30%同意可以有多个性伴侣和婚外情，16.9%认可商业性性行为，约10%认可同性恋爱和同性性行为。"2009年华中科技大学周远忠等对大学生进行匿名问卷调查，结果表明70%以上的学生对婚前性行为及未婚同居持宽容态度，但认为有必要学习更多避孕知识的达87.2%；未婚性交发生率为14.4%。2010年王鸿祥等对上海大学生调查的结果表明，反对婚前性行为的人只有17.7%。2011年刘震祺等人的调查表明，有32.3%的大学生表示"只要有生理需求就可以发生性关系"；有2.7%的大学生同意"为了钱或者权力，和别人发生性关

[1] 闵乐夫．大师谈早恋与性教育［M］．重庆：西南师范大学出版社，2009：36－38.

系”；有2.1%的大学生表示“完全同意”“用钱去买性交”。❶

从上面的调查结果可以看出，大学生的性观念比较开放是不争的事实。尤其是女大学生，性观念的开放接近男生，“守贞”一说似乎渐行渐远，甚至有的女大学生认为，即使两人不相爱，只要不是互相利用，也可以发生性关系。性观念的开放容易导致性随意和性放纵，进而会带来相关问题和后果，比如怀孕和性犯罪，可是这些问题却是大学生未必能承受之重。

3.2.2 大学生婚育观念比较正确，但是生殖健康知识匮乏

由于我国长期实行计划生育政策，以及高校对相关政策和法规的宣传，大学生的婚育观念比较正确。但是对于还没有走进婚姻生活的大学生来说，生殖健康方面的知识相对匮乏。高校也没有特别重视宣传这方面的知识。一系列针对大学生的调查可以说明这些问题和存在。

2009年华中科技大学周远忠等的调查表明大学生性交中每次都采取避孕措施的只有28.7%；未婚性交中导致意外妊娠的比例达25.2%。科普读物或报纸杂志（70.1%）、网络（54.6%）及同学朋友（41.6%）是大学生获取避孕节育知识的3种主要途径，大学生最推崇的3种避孕节育知识获取方式是科普读物或报纸杂志（69.2%）、课程教育或专题讲座（61.4%）及网络（48.5%）；有性行为史的大学生中57.3%从超市、药店购买避孕药具，只有5.9%通过校医院、保健科获得，而其中51.7%最希望通过超市或药店购买避孕药具，只有9.9%最希望通过学校医院保健科免费提供而获得；90.1%的大学生认为大学有必要开展避孕节育相关知识的教育，

---

❶ 刘震祺，等．大学生性道德教育现状研究——以贵州省大学生为例[J]．中国性科学，2011，20（7）：28－31.

39.7%的学生希望以课程教育的形式开展避孕节育教育，64.5%的学生认为大学避孕节育教育应该从大一起开展，越早越好。❶

2010年和红等人的调查表明分别有73.9%和32.3%的大学生知道在校期间可以结婚和生育；19.8%和8.4%的大学生赞同在校期间结婚和生育；44%和69.8%的大学生认为在校期间结婚和生育弊大于利；88.1%和94%的人认为不会在校期间结婚和生育；大多数人表示对在校结婚和生育的同学的态度不会发生改变；认为理想的结婚和生育年龄为26—29岁；53.3%的大学生的生殖健康知识来源于网络，而从学校教育中得到知识的大学生仅占12.6%；当他们遇到生殖健康问题时，也多求助于网络（37.6%）；87.2%的调查对象不清楚高校存在计划生育部门；当意外怀孕后，有53.9%的人选择人工流产；选择人工流产的调查对象中有8.8%的大学生会选择去非正规医院，主要原因是怕遇到熟人；有16.6%的大学生曾经有过意外怀孕；65%的学生希望提供定期的健康检查；希望通过观看录像和教师讲授相结合的方式学习生殖健康知识；认为避孕药具最好的放置地点是在宿舍楼道内。❷

2010年王鸿祥等通过对上海大学生的调查表明，只有38.4%的大学生曾接受过生殖健康教育，多数学生认为学校开展相关教育是“必要”或者“非常必要”的；仅37.5%的学生能正确选出问卷中的3种性传播疾病；83.7%的学生知道HIV的传播途径，但仅55.7%的学生知道安全套的使用时机。❸

---

❶ 周远忠，熊承良，等．中国未婚大学生性行为和避孕节育现状与需求现况调查［J］．华中科技大学学报（医学版），2009（05）：561.

❷ 和红，等．高校大学生婚育观念及生殖健康服务需求——基于北京29所高校的抽样调查［J］．中国性科学，2010（10）：22.

❸ 王鸿祥，等．上海市大学生生殖健康现状调查与教学研究［J］．生殖与避孕，2010（11）：757－762.

从以上资料可以看出大学生对于求学期间的婚育问题有比较正确的认识。但是大学生避孕节育相关知识知晓率低，性行为中意外怀孕发生的概率比较高，对于意外怀孕的处理不成熟而导致一些遗留问题的比较多（尤其是对于女大学生）；大学生对避孕节育知识和方法有迫切的需求，希望通过课程教育等多种形式获得，但如何保障大学生隐秘并且方便地获取避孕节育服务需进一步探讨。

3.2.3 在性爱与婚姻、自由的关系上存在错误认知

当代大学生在理解“性爱”与“婚姻”的关系上存在着较为突出的错误认知。一种观点认为，“性爱”不一定要言及“婚姻”。“性爱”的存在形式很多，为何一定要靠“婚姻”来体现？谁能说只有婚姻形式的“性爱”才一定拥有幸福？谁又能说没有“婚姻”形式的“性爱”就没有幸福？性爱是人类的自然需求，而婚姻却是社会发展的产物，承载很多社会道德层面的内容，不能因为满足社会道德的预期，而牺牲人类的自然需求。另一种观点认为自己作为学生尚未步入社会，经济也尚未自立，此时言及“婚姻”尚早。在这样的思想观念的指导下，许多大学生对自身的“性”采取了比较随意的态度。“不求天长地久，只求曾经拥有”“性爱随意，婚姻随缘”是对这一部分大学生性行为及其表现的生动写照。还有一部分大学生认为未婚同居“可以获得性经验，使性生活协调，进而有利于今后婚姻的幸福和稳固”。大学生，尤其是女大学生在这方面表现出了惊人的“性单纯”，而事实恰恰在于当这种“单纯”遭遇残酷的“现实”时，许多女大学生不得不吞下自己酿下的苦果。[1]

另外在倡导自由、弘扬个性的时代，有些大学生把“性”完全看作是自己的私事，与他人无关，否定性的社会内涵。在调查中有

[1] 单树萍. 性道德教育——当代德育教育的新内容［J］. 中国性科学，2007（12）：36－37.

35.6%的大学生认为性纯粹是两个人之间的私事，与他人和社会无关；性应当自由化，应当由当事人自愿决定，社会无权干涉。这一调查结果反映了当代大学生性权利意识的觉醒，同时也体现了大学生在“性自由”认知上的极端片面性。性不仅存在于两性之间，它还具有极其丰富的社会内涵。个体在享有性权利的同时必须承担相应的责任与义务。把性完全看做是两个异性个体之间的私事，一方面否认了性的社会内涵，另一方面也夸大了个人的性权利。性不仅是两个人之间的私事，它会直接牵涉到异性个体所属的两个家庭，以及与之相关的社会关系。性的完全私有化是对性的社会属性的一种否定，是对性内涵的极端片面化认知。否定性的社会内涵，也是人们推卸或减轻责任的一种借口。[1] 正如中国性学专家李银河所说：“中国人没有把性自由作为性解放的口号提出来，但是在行为上广泛地模仿着。”这种模仿看似张扬了个性，实则伤害了自己。

3.3　加强大学生的性教育

3.3.1　正视性生理的成熟和性心理的欠成熟

进入大学时代，从生物学的角度而言，大学生的性生理已经发育成熟，男子首次遗精和女子月经初潮都已发生。第二性征的发育很明显，男生表现为胡须长出、喉结突出、骨骼粗大、声音低沉等；女生表现为乳房发育、骨盆宽大、皮下脂肪丰富、嗓音尖细等。这些现象的出现符合人类的生理发展规律，是很正常的事情。不过随着某些环境因素、经济水平和营养状态等因素的变化，人类性生理发育过程出现了一些新情况，即青春发动时相提前。在我国，对全国学生体质与健康调研（长期监测研究）的结果显示，月经初潮提

---

[1] 刘浩．当代高校青年学生对性道德观思想解放的误读［J］．长春工业大学学报（高教研究版），2013（4）：120.

前持续存在。月经初潮提前意味着女生的性生理成熟在提前。早熟的女孩常有年龄较大的朋友，更容易受到异性的关注，由此危害健康的行为如吸烟、喝酒、不安全性行为等发生的概率会增加。早熟青少年更易出现越轨行为包括性行为提前、性伴侣数量增多、物质滥用和网络成瘾等。一方面性成熟提前在发生，另一方面青少年并未在认知、情感和心理上做好准备，不能有效地应对与性成熟相关的一系列问题。青春发动时相提前的理论给学校和家庭重视性教育而不是绕开性教育提供了有利的依据。面对已经“长大”的大学生，我们再也没有托辞，必须正视大学生的性成熟以及大学生的性心理表现出的种种困惑和不成熟。

第一，“性自我”焦虑。“性自我”是指个体对自己在性方面的自我认识。它包括两个方面：一是个体对自己的性功能（如性的成熟、性的能力等）的认识；二是个体对自己性的体象（如阴茎或乳房的大小、个子高矮或身材胖瘦等）的认识。性自我焦虑是指大学生对性生理的成熟不能正确对待，或者憎恶恐惧自己的性成熟，或者质疑自己的性能力，或者不满意自己的性体象，比如女生觉得自己长相不够漂亮，胸部太平、身材不够苗条；男生觉得自己的身体不够健壮。总之，性自我焦虑就是指在性的方面对自己的种种不悦纳。有调查指出虽然有75.5%的男生认为遗精是正常的生理现象，但仍有24.5%的学生感到不安、羞愧甚至厌恶[1]；有37.7%的大学生对自己的阴茎或乳房发育问题感到焦虑；有82.2%的大学生有性形象引起的烦恼。[2] 男大学生比较焦虑的是个子矮小、性感差和少年白发。女大学生比较焦虑的是肥胖、个子矮小和性感差。当然胸部的发育问题也是挺受关注的，从各种媒体积极发布的丰乳和隆胸之

---

❶ 胡坚达．大学生性心理和性教育研究［J］．宁波大学学报（教育科学版），2003（10）：94.

❷ 王进鑫，等．2000年中国大学生性生理调查［J］．中国学校卫生，2002（6）：518.

类的广告就可见一斑。焦虑的产生有其源于青春期的必然性。在我国源于传统伦理观念的影响，性的问题一直被蒙上神秘的面纱，再加上我国很少在大学生中开展系统的性教育，大学生一直难以获得系统、完整、科学的性生理、性心理、性道德等方面的知识。

第二，性冲动和性压抑。性生理的成熟往往会导致性欲的产生，而性冲动正是性欲的表现形式之一。大学生性冲动普遍存在，这与大学生的性生理已基本成熟相关，是正常的生理现象。如果是在合适的情境中产生性冲动，也就是说如果是良性刺激会让人感到心情舒畅、激情澎湃、心跳加快、手心出汗、容光焕发，这是性反射的全过程，并可相应地发出接受对方性爱的性信息。一旦新的“性反射”发生，就会使心跳加快、血压暂时上升、组织充血，有的人可能会出现肌肉紧张或打哆嗦等现象，正是这种种的良性性刺激后，使得“灵魂深处”萌发了渴望与异性发生性行为的“性欲”，这种“性欲”是性成熟后的一种本能的“性反应”。有人发现，原来身体较弱的男女青年，自从恋爱后，他（她）们的体力会日益增强，精神焕发，像变了一个人似的。由此可见，性反射过程就是“丘比特神箭”发出的神奇效应。但如果是在不适宜的环境中或者是不良的性刺激，比如遭到对方的拒绝甚至羞辱，遭到对方的反抗，或者是女性遇到强奸行为，会使人产生恐惧、紧张、害怕等不良反应，会对生活产生严重影响。

有调查表明78.3%的大学生会有性冲动，男生的性冲动要远远多于女生。虽然男性的性成熟比女性晚一些，但成熟时男性生理上的要求和反应要比女性强烈得多。另外男性多被视觉刺激引起性欲望，而女性多被触觉刺激引起性冲动。现代社会性的视觉刺激不断增多，男性比女性更容易唤起性冲动，从而更容易感到性挫折。很多男性难以控制性欲，有时因性欲“失控”而“一失足成千古恨”，发生许多“情杀”案例，这是性爱的悲剧。所以说性冲动是生理性的，不可避免，但人是理性的，性冲动是可以控制的。有调查表明在对有性冲动体验的大学生的调查中，选择性压抑的占65.6%，选择性自慰的占30.6%，选择发生性行为的占12.4%，选择转移注意力的占65.6%，由此可见绝大多数的大学生选择压抑或转移注意力的方式来排解自身的性冲动，43%的大学生通过性自慰和发生性行为来排解自身性冲动。在性别对比方面，男女大学生排解性冲动的方式差异显著，女大学生选择通过压抑、转移注意力和发生性关系的方式排解自身性冲动比率明显高于男大学生，而男大学生通过性自慰排解自身性冲动的比率明显高于女大学生。综上可以发现，在性的需求面前，基于传统观念的影响，碍于道德和法律的力量，在性冲动和性满足之间出现了冲突，产生了性压抑，导致性意识的困惑。这种冲突是性的生物性需求与性伦理、性道德、性的社会规范之间发生的矛盾。

在一般情况下，大学生通过积极参加学习、文体活动、社会活动，通过热爱音乐、美术、文学，通过加强与同学、朋友的交流等，可使其生理机能得到正当的释放，减弱或转移性的生理冲击力，另外，喝茶、上卫生间大小便、跑步、聊天或打电话等，都可起到缓解的作用。但是，有些大学生，尤其是那些性格内向、缺乏性知识、人际关系紧张的学生，往往无法缓解内心的冲突，甚至对自己的性欲望充满了恐惧，于是只好一味地压抑，严重到极点就会以病态的形式表现出来。相比之下，男生的性压抑比女生更为严重。对男生来说，应该了解性冲动的由来，全面正确认识自己的身体，用理智约束它，不要惊慌失措。在青春期，感受性欲以及由它所带来的愉悦是人生的美妙体验，但是如果放纵这种美妙的体验则会有不妙的后果产生，所以说男生一定要学会控制住自己的欲望，这需要下决心并有坚强的意志，依靠人的理性和责任感是可以做到的。医学界将女性的青春期定为12—19岁，换句话说，女生19岁以后身体上的组织器官才由稚嫩走向成熟，由能力不足趋向功能健全。相比男性性冲动的进攻性和强烈性，女性多数是隐隐约约的，往往让对方猜测和疑惑。在性关系模式中，女生往往比较被动。女生和男生一旦发生性关系，基于“贞操观”等传统观念的影响，女生会在情感归属上坚定“我已经是你的人”的观念，也有了“你是我的人”的占有欲。而自从有了性关系，男生的心理也发生了变化，逐渐有了心理上的优越感，“她再也离不开我了”“非我莫属了”，于是一改之前对女生百依百顺的态度，变得对女方态度随便、任意支配。在这样的相处模式中，女生对男生的依赖心理明显增强。当然现代社会观念多元化，有些女大学生的爱情之火也是“烈焰熊熊”，既烤烦了别人，也烤伤了自己。总之，无论何种情形下，性冲动应该是理智的、适度的、有责任感的。强奸案件和情杀案件的犯罪人员基本上是没有非理智的，有的因此自毁前程而悔恨终生。尤其要警惕“性放纵”的发生，“性放纵”也是导致性功能早衰和性病蔓延的“首犯”。

第三，自慰是一种性活动。性自慰，俗称手淫，就是靠自己的能力来解决自己对性的要求，并从性方面获得快感和慰藉。所以，自慰是正常的生理现象，人类的自慰现象广泛存在。“手淫”的叫法广为流传，但由于“淫”在中文为贬义词，用来指代一种性行为方式有欠妥当，所以应该杜绝“手淫”的称谓，科学术语应该是自慰，特指采用非性交行为收获性欲高潮的过程。尽管性自慰已经被科学界确认是“生理性自慰性行为”。但是仍然有很多人鄙视、憎恶性自慰行为，有调查表明仅5.36%的大学生认为手淫是正常行为，而认为手淫是不良行为和不道德行为的分别占34.66%和59.98%，男女大学生对手淫的看法存在显著性差异（$p<0.0001$），女大学生倾向于认为手淫是一种不良行为，而男大学生则倾向于认为手淫是一种不道德的行为。[1] 这就使部分大学生一方面由于意志薄弱而不能自我

[1] 杨小丽，冯泽永．大学生性心理与性教育［J］．医学与哲学，2005（6）：72.

克制，另一方面，又对自己的手淫行为产生道德上的憎恶，备受良心的谴责，这种心理上的矛盾和冲突，导致部分大学生出现头晕、注意力涣散、记忆减退和思维迟钝等表现，影响大学生的正常学习和健康成长。自慰是一种性活动，但是也不能过度频繁进行。像饮食不能“暴饮暴食”一样，过度会适得其反，过度自慰会引起头晕、疲倦、精神萎靡不振、嗜睡、食欲下降、工作效率和学习效率下降等，这些现象都会不同程度地影响身体的健康。由此可见，手淫虽然有益但也要有度。有专家调查发现，现代男青年中手淫的发生率为 82%；青年女性手淫的发生率较低，为 12%。

第四，性别认同紊乱。性别认同紊乱是指一个人在心理上无法认同自己与生俱来的性别，相信自己应该属于另一种性别。这是一种精神医学上的分类定义，通常是用来解释与变性、跨性别或异性装扮癖相关的情况。恋物癖的特点是通过接触异性的穿戴或佩戴物而引起性兴奋与满足，以男性居多。他们经常搜集女性的内衣、丝袜、头发等，甚至因此而偷窃。大多数恋物癖者在心理上也十分痛苦，明知自己的行为不道德、不健康，却又克制不住。窥阴癖者往往通过窥视异性的隐私来获得性满足，如在厕所、浴池处窥视，给学校的治安带来了不良的影响。同性恋者只对同性感兴趣，希望与同性发生性关系。生理因素、环境影响、早期教育和童年创伤等都有可能成为导致同性恋的原因。因为同性恋行为与社会习俗格格不入，所以同性恋者往往生活得很痛苦，有人甚至自杀。

当前一些大学生在性别认同方面的表现让家长和朋友困惑，人们经常有阴盛阳衰、女孩泼辣男孩软弱之类的感叹。相比美国大学生，我国这方面的情况比较严重。一个关于加利佛尼亚大学生的研究结果表明：约 40% 的学生将自己判定为传统性别气质、25% 为双性化气质；男性中未分化比例为 29%，女性中未分化比例为 21%；

男性中女子气的占5%，女性中男子气的占12%。❶ 有调查表明我国大学生性别角色认同于传统角色的比例为21%、双性化的为14.6%，这些数值低于国外的有关研究；而未分化的男性为42.3%、女子气的男性为9.6%，这两个数值远高于国外的比例；未分化的女性为56.9%，远高于国外的数值；男子气的女性为13.9%，与国外数值基本接近。❷ 由此可以看出我国部分大学生存在性别认同危机。性别认同危机容易导致同性恋等性障碍的出现。美国的研究表明，男性青少年患性别认同障碍的比例是女性的6倍多，并且成年后依然可能存在性别认同问题，有60%—70%的患者不能发展出完全的异性恋性行为取向。❸ 尽管并不是所有表现出异性行为的人都是同性恋，他们中有一部分是由于各种心理、社会因素的作用而成为性别认同障碍患者。这样的情形对于人们适应社会生活、拥有幸福的家庭生活是很大的障碍。

在大学校园中同性恋注定不是一个寂寞的话题，它的每一次动静都会在大学校园里引起众多关注。中国人民大学性社会学研究所所长潘绥铭教授在10多年前曾对全国大学生进行调查，结果显示出在心理上不同程度地有同性恋倾向的学生占11.4%，有6%左右的学生在大学期间首次发生了同性之间的性接触。❹ 对于大学校园里出现的同性恋，大学生的态度如何呢？2011年华声在线的新闻快读栏目报道：在大学生被问及同性恋的接受程度时，受访者表现得相当

---

❶ TAYLOR S. E., PEPLAU L. A., et. al. Social Psychology［M］. 北京：北京大学出版社，2004：350.

❷ 谭潇潇，等. 大学生性别认同调查与教育对策［J］. 湖北职业技术学院学报，2007（3）：37.

❸ 琳达·布兰农. 性别：心理学视角［M］. 北京：北京大学出版社，2005：153－155.

❹ 潘绥铭. 性爱十年：全国大学生性行为的追踪调查［M］. 北京：社会科学文献出版社，2004：167.

宽容。有 18.8% 的受访者认为“同性恋是很正常的行为”；有 53.5% 的受访者表示“中立，但自己不会尝试”；有 20.8% 的受访者认为“不正常”；4.2% 的受访者则认为“这是另类的时尚”。由此可见我国大学生对同性恋的宽容程度是比较高的，其宽容程度甚至总体上高于对婚前性行为和婚外性行为的包容程度。随着大学生对“同性”观念的不断认同，“同性恋”一词在大学校园里层出不穷。“基情”“腐女”等词语在大学论坛中比比皆是，对这些词语较高的认同度造成了大学生同性恋群体的扩张，更不理性的是一些大学生看不清自己的感情性质，荒唐到把同性恋当作时髦来追求。而艾滋病和同性恋有着密切的关系。据 2011 年 12 月 1 日《北京晨报》报道：近年来，随着检测面的扩大，学生人群报告感染者人数显著增加。2011 年 1 月—10 月，新报告学生感染者和病人 1252 人，占学生历年累计报告数的 21%。学生中，特别是 20—24 岁的男大学生，近两年报告感染人数增加明显。同性恋人群感染数量进一步上升，在 2011 年报告病例总数中已占到 13%。男男性行为人群感染率增加明显，在西南个别地区甚至达到 20% 以上。

基于如此严峻的情况，高校应该对大学生加强性别认同教育，正确引导大学生的恋爱行为，理性对待自己的感情。

3.3.2 加强大学生的生殖健康知识教育

从性生理和性心理上来说，大学生生理上已经成熟，心理上也有需求，但是从经济上、学业上来说，甚至从心理上来说大学生还没有足够的能力去承担性行为可能带来的严重后果，比如说意外怀孕、性传播疾病等。所以说，为了避免大学生在性行为中产生不当后果，积极地向大学生宣传避孕流产等相关知识是非常必要的。但是以往高校在这方面做得不够好。据调查（新华网），在大学生获取性知识的途径中，影视作品占 50.5%，报纸杂志占 46.7%，网络占

34.7%，父母、老师及医学书籍占不到10%；73.68%的研究生和72.91%的本科生认为学校没有正规性教育。另外一项调查表明，大学生对艾滋病、性病主要传播途径正确回答率为43%；对艾滋病是否为传染病，78%的人认为是，16.5%的人回答不知道，5.5%的人认为否；对了解性知识的最佳途径53.7%的人认为书本加教学讲解效果最佳。这些调查结果说明加强大学生的生殖健康教育非常必要。

1. 充分了解避孕，防止“爱”的伤害

大学生的性生理已然成熟，加上现代社会的性观念比较开放，大学生对婚前性行为和婚前同居持比较宽容的态度。但是众所周知在大学校园怀孕生子是不太现实的，因为有学业的原因，有经济上的压力，也因为他们自己还是孩子，他们还没有做好当爸爸妈妈的心理准备，他们承受不起养儿育女的社会责任。但是只要有性行为就会有怀孕的可能，怎样避免这种可能性，怎样避免女生因为怀孕而遭受的种种压力，当然首先要学会避孕。

避孕的方法有很多，比如输卵管结扎、宫内节育器（女性婚后生育后避孕的首选）、口服避孕药、使用安全套、皮下埋植避孕、安全期避孕等都是广泛使用的方法。但是对于大学生而言，使用安全套和口服避孕药应该是比较方便安全和可靠的方法。

关于使用安全套，大学生应该是不陌生的。但是口服避孕药则有颇多讲究。一般较多使用女性避孕药，分为长效避孕药、紧急避孕药和短效避孕药三种。长效避孕药含人工合成的孕激素和长效雌激素，一般在月经来潮后，第五天服1片，20天以后再服1片。药物进入人体后，会储存在脂肪组织内，以后缓慢地释放出来，抑制排卵，起长效避孕作用。长效避孕药亦有肌肉注射方法。紧急避孕药的原理是对抗孕激素的作用，可以与孕激素竞争孕激素受体，从而达到抑制子宫内膜的增长，从而影响受精卵的着床发育，达到避孕的作用。短效避孕药主要成分是孕激素和雌激素。从月经来潮当天算起的第 5 天开始服药，每天晚上服 1 片，连续服 22 天，可避孕 1 个月。通过这些简单的介绍，我们也许会觉得避孕是一件很简单的事情，但是对于大学生来说，他们年轻且没有经验，接受这方面的教育，他们中间很多人不知道避孕是怎么回事，他们对避孕方面的知识有强烈的需求。调查显示，中国仅有 12% 的年轻人认为自己非常了解避孕知识，很多年轻人在获取相关信息方面依然存在障碍，比如羞于讨论这个话题，或担心被家长、老师和朋友发现，造成他们在基本生理知识方面的匮乏。正因为他们不懂，所以他们对避孕的认识有一些误区，主要有以下几个方面。[1]

第一，迷信“安全期”的避孕方法。“安全期”就是俗话的前七后八，经期前 7 天和后 8 天中的性生活是安全的，不会怀孕。因为方便省事所以很多人采用这种避孕方法。具体计算方法是从月经开始第一天算起的，而不是月经干净后的第一天算起。以月经周期 28 天为例，在第一次月经来临之后 3 至 5 天，可谓“经期”，干净后开始第一阶段的安全期。月经周期之间的两个安全期由排卵期隔开。排卵期几乎可以肯定是在下一次月经来临前的第 14 天，或者早 5 天，晚 4 天到来，这也是所谓的危险期。因为男性精子可以在女性体内存活 3 天，所以有必要将危险期在前述 14 天前的 5 天再提前 3 天以备不测，该天就是第一阶段安全期的结束日。第二阶段安全期开始是从前述 14 天后的 4 天，直到第二次月经来临日。除了使用天数计算的日历法外，还有基础体温法和分泌物观察法。但是基础体温法比较繁琐，要求比较严格且持续时间长，分泌物观察法则需要比较专业的知识才能确定，这两种方法对于大学生来说有些麻烦。

然而安全期并非绝对安全，由于女性排卵的时间受外界环境、

[1] 陈胜湘主编．大学生生殖医学与性教育读本．长沙：湖南科学技术出版社 2010.

气候、本人的情绪以及体质等因素的影响，从而会出现排卵推迟或提前的情况，并且还有可能发生额外排卵，也就是一个月内排两次卵；许多疾病也会改变女性的排卵时间，比如内分泌疾病、肾脏疾病等，这些都会导致“安全期”避孕失败。据国外有关专家统计，采用安全期避孕的失败率高达14.4%—47%。果壳网也有文章指出：根据世界卫生组织的数据，在理想状态下，安全期避孕的年失败率约为5%，可靠性不及避孕套及口服短效避孕药。而实际上控制失败率在5%这样的理想状态也是很难达到的，如果使用了比较简略的计算方法，或是自身生理周期不规律，失败率就会大大增加，临床追踪年失败率可达到25%以上。25%的失败率意味着100位成年妇女采用此方法避孕，1年时间内，会有25名妇女怀孕。所以为了预防意外怀孕，还是不要迷信“安全期”的避孕方法。一旦意外怀孕，对于大学生来说，尤其是女大学生，后果是非常严重的。

第二，紧急避孕药方便、安全且有效，多用亦无妨。“紧急避孕”是指“无保护性”的性活动之后，72小时内采用的避孕措施。紧急避孕药必须在72小时内服用一片，隔12小时再服一片，总量为2片。服药时间越早效果越好。服药后2小时内发生呕吐的，必须立刻补服一片。吃了紧急避孕药后又发生性行为，必须采取避孕措施，否则仍有怀孕的可能。紧急避孕对大学生的意义重大，因为大学生正处于求学期，一般不具备生儿育女的条件，避孕非常必要；同时年轻人又处于性生理成熟期，容易冲动，容易情不自禁，容易在没有采取任何避孕措施下发生性关系。所以说大学生应该知道紧急避孕药可以避免他们的情不自禁可能带来的大麻烦。但是紧急避孕药不能作为经常性的避孕选择，它只是紧急情况下临时应急的措施。它只能偶尔使用，一般一个月内最多只能使用一次，而且不可以每个月都用，一年最多3次。因为紧急避孕药内含有的雌激素水平很高，一次紧急避孕的药量相当于8天常规短效口服避孕药的药量，服用量过大，会产生肠胃不适、月经周期紊乱、卵巢抑制等现象，破坏了正常的月经，造成内分泌紊乱。如果长时间服用，严重者还会造成闭经，这样会影响排卵进而影响怀孕。鉴于紧急避孕药长期过量服用的严重后果，女大学生一定要谨慎用之。

第三，担心有不良反应而拒绝避孕药。是药三分毒，避孕药也会有一定的不良反应，比如不规则子宫出血、月经周期改变、白带增多、头晕、头痛、乳房发胀现象等。其实遇到这些现象不必惊慌，比如说不规则子宫出血，这是让很多女生恐慌的现象，这也是所有使用避孕药者共同的所谓“不良反应”，也是可以克服的“不良反应”。很多时候这种出血是由于避孕药的剂量不够所导致，只要加服剂量即可解决问题。因为每个人的具体情况不一样，所以避孕药的剂量具体到个人也会有一定的差异。当然如果出血量多，如大于月经量的话，就应该及时去看医生了，医生会给予非常专业的帮助。个别人月经周期有些小小改变不必大惊小怪，人体有自动调节的功能。白带增多的现象严格来说不是不良反应，而是人体对避孕药的正常反应。至于一些人出现头晕、头痛、乳房发胀的现象，一般可在1—2天内消失，没必要在意。

此外，有人担心长期服用避孕药会导致内分泌失调。世界卫生组织的调查结果表明：避孕药既不影响内分泌失调，更不影响日后的生育功能。我国科研人员经过大量的调查后也得出结论，长期服用避孕药，不管是短效的还是长效的，或是使用紧急避孕药物，均不会导致服药者内分泌失调。还有人担心避孕药会导致乳腺癌、宫颈癌、子宫内膜癌，其实这也是误解，国内外多数专家认为雌激素对女性的健康“利大于弊”。我国已有数千万女性服用了避孕药。实践证明：使用避孕药对一些疾病有预防作用，如痤疮、缺铁性贫血、乳房肿瘤、宫颈癌、子宫内膜癌、卵巢癌、盆腔炎、阴道炎、宫外孕等。我国有专业人员跟踪3260名服用长效避孕药的妇女，结果发现无一例发生生殖器官癌症。美国专家经调查发现：坚持服用避孕药使1700名妇女免受卵巢癌的威胁。在9387名服用避孕药的妇女中，用药时间越长者，乳腺癌、乳腺小叶增生和乳腺纤维瘤的发病率越低。总之避孕药是人类科学研究的重大成果，如果因为害怕所谓的不良反应而拒绝避孕药，宁可去承受做人工流产的痛苦，实在是因噎废食、不懂科学道理的无知之举。

第四，避孕药可以随意服用。避孕药物虽然优点多多，最大限度地保护了人类的生殖健康，但它并不是人人可以服用的良药。例如：已患有乳房肿块、乳房肿瘤的病人，其他癌症患者，急慢性肝、肾疾病者，哺乳期妇女，慢性头痛者，高血压、心脑血管疾病等患者不宜服用避孕药。而月经不规则的妇女，要先找出月经周期异常的原因，再服用避孕药。另外有些药物不宜与避孕药同服。因为有些药物可干扰或加速避孕药的代谢，并消减避孕效果，如四环素、氨苄西林、氯霉素、红霉素、利福平、卡马西平、胰岛素、磺胺类药物等。服用避孕药之前，一定要认真阅读避孕药“说明书”。如避孕药的保管、对出厂日期或有效期要心中有数。还有对避孕药的服用方法、型号甚至产地产家等也要有所了解。此外，使用避孕药前的身体检查，也是十分必要的。使用避孕药半年以上的女性，要做一次体检，尤其是要重视肝功能的检查。

总之，避孕是一件很重要的事情。基于女生在两性关系中的特殊性（因为一旦意外怀孕，所有的痛苦和后遗症，几乎是女生独自去承受。无论是精神还是身体，受伤的总是女生，是女生的“独角戏”），所以在谈及避孕时更多的是站在女生的角度，希望女生掌握更多避孕的知识，同时更要有保护和爱惜自己身体的意识。其实避孕应该是男生和女生共同关心的事情。有一个方法可以避免避孕药带来的种种担心和烦恼，那就是男生使用避孕套，既方便有效，还很安全，还可以避免性病的感染。但是有很多男生不愿意使用避孕套，把避孕的责任单方面地让女生承担，这是一种自私的表现。无论是从感情的方面还是从社会责任感的角度来说，男生应该更多体谅女生，更多地承担责任。

2. 正确对待流产，准确评估“爱”的风险

第一，大学生流产有高发趋势。近些年来，大学生流产有高发的趋势。在百度上输入“大学生流产”词条进行搜索得到 7 960 000 个结果，上百万的搜索结果不可谓不多，其中关于流产价格的咨询和医院的流产广告等占了一大半。2012 年据中国之声《新闻晚高峰》报道，国家人口计生委科学技术研究所发布的一组数据引起社会各界的广泛关注，中国每年人工流产人次多达 1300 万，位居世界第一，其中 25 岁以下妇女占一半以上，也就是 600 多万，未婚流产数占 54%，在校大学生占其中的一半以上，大学生成为高发人群。很多“90 后”女孩心智还不完全成熟，对“流产”给身体造成的伤害因无知而无畏。有个别女孩居然一年里打胎四次，肆意挥霍自己的健康，真的是无知就无畏！每次长假前和长假后的 15 天至 1 个月时间里，都是学生做人流的高峰期。这种高峰期一年有四个，分别是春节、“五一”“十一”和暑假。大学生已经成为人流“主力军”。“90 后”的年轻人更加强调自我、自由，对有关性的观点比较开放，却没有承担爱的心理准备和风险准备。2010 年武汉熊承良的调查结果显示：60% 左右的学生持性解放的观念，70% 以上学生对婚前性行为及未婚同居等行为持宽容态度。14.4% 的高校未婚学生承认有过性行为，而在首次性行为中采取避孕措施的为 47%，在性行为中每次都采取避孕措施的只有 28.7%。有过性行为的学生中，有 25% 以上的学生都经历过意外怀孕。意外怀孕的学生无奈中接受流产手术，承受相应的身体伤害，其实这样的伤害本来完全可以避免，所以说系统的性知识的普及是必要之举，可以降低爱的风险。

第二，全面了解流产，选择正确的流产方式。“流产”是指怀孕

28 周以前终止怀孕，是女性避孕失败的补救措施。人工流产就是用人工的方法“终止怀孕”，分为药物流产和手术流产，类似于常说的“药流”和刮宫。一般来说，妊娠 7 周以内做“药流”。“药流”是大学生使用最多的“流产方式”之一。一般来说，怀孕 7 周以内做“药流”。“药流”就是分次服一些抗孕激素的药，服药后会出现恶心、呕吐和下腹痛（有人形容刀割、撕裂一样疼），剧烈程度因人而异。如有严重的不良反应，如心率突然加快，每分钟大于 100 次以上，嘴唇苍白或呈紫色，或不省人事者，应立即上医院急诊。在强烈宫缩之后（6 小时内）将胎囊排出。“药流”不需使用机械器具进入子宫操作；方法简便，安全有效，病人痛苦轻，恢复体力快。在服药 6—10 小时后，未见胚胎排出即为药流失败，可能流产不全，需要做清宫手术，受“二茬儿罪”，不能接着“重复”药流程序。“药流”后一般要间隔半个月到一个月才能过性生活。有相当一部分人在药流一周甚至更短时间内就过性生活了，这样十分危险，若导致出血或感染，后果将不堪设想。有的人甚至距上次药流不到 2 个月又怀上了，这是对自己的健康极其不负责任的做法。有些大学生把药物流产看成解决“麻烦”的快捷方法，一而再、再而三地使用，甚至认为“药流”也是一种“避孕方式”。对此，只能说无知者无畏。事实上，虽然那小小药片没有太大分量，但它对身体的伤害却很大。怀孕前 2 年“药流”最多不能超过 3 次。

手术流产在怀孕 7 周之后比较合适。怀孕 7—10 周时一般会采用“负压吸引术”，就是用一根管子接上负压泵，把胎囊和变性的子宫内膜吸出来。在操作时，很可能由于吸管转动过速、过频，负压过大而对身体造成物理性伤害。专家建议做这种流产手术的上限次数是 2 次，而做过 2 次以上，以后习惯性流产的概率会明显加大。术后可能出现人工流产综合征、子宫损伤、吸刮过度、术后感染、宫腔和颈管粘连等副作用和意外。怀孕 10 周以上就要用钳刮术了。

所谓“钳刮”就是用一根金属棒，头上有个孔，顶端相当于一个勺，手术时就是用这把勺在子宫内壁上刮，以保证流得干净。钳刮术的并发症非常多，对子宫宫颈的损伤非常大，现在很多医院已经改由药物流产或延续怀孕至4个月后进行中期引产术来代替钳刮术。然而，即使是中期引产，对身体也会有很大影响。中期引产其实就相当于提早经历一次分娩，妊娠超过三个月，胎儿骨骼变硬，胎盘已经形成，手术要充分地扩张子宫，而且因为妊娠的时间比较长，子宫内壁会比较薄，手术很容易损伤子宫内壁，而导致子宫穿孔或者是手术大出血。有专家认为钳刮术一生1次就够多，再一次可能导致无法生育。

无痛人流近些年来风靡全国。很多城市的大街小巷、地铁里、报刊、广播电视等，随处可见无痛人流的宣传与广告。高校更是不被放过，各式“人流优惠”的广告在学校及其周边随处可见，甚至声称“大学生做人流凭学生证优惠”“大学生做人流可分期付款，首付30%起”，严重影响校园环境。选择无痛人流的人数与日俱增。无痛人流的科学奥秘就在“麻药”两个字上，其手术的方法和普通人流手术是一样的。虽说无痛人流大大减轻了人流之“痛”，但同时也相应增加了麻醉意外甚至死亡的风险。无痛人流的出现为大学生们解决意外怀孕提供了更为方便的途径，导致了一些大学生对性活动更加随意甚至放纵，有些人认为反正“不痛”，多一次少一次没什么关系。殊不知无痛人流并不像广告上所描述的那样轻松。手术通过静脉麻醉，让患者在熟睡状态中进行，虽然不产生痛感，但静脉麻醉有一定风险，稍有不慎，可能会导致呼吸抑制，进而出现血压下降、心脏骤停、休克等现象，严重的并发症可能导致极少部分的患者变成植物人或者直接死亡。无痛人流只是减轻手术过程中难忍的肉体之痛，不是“消灭”了其他几十种人流并发症。

第三，重视流产的危害，尽量远之。流产虽然阻止了“十月怀胎”，解决了大学生眼前的麻烦，但也可能留下一些并发症或“后遗症”。

首先，流产手术可能导致出血过多。手术中出血或术后从阴道流出的血过多，是流产手术中常见的并发症。因为流产过程就是强行摘“生果子”的过程，必然会造成子宫的损伤。其次，人流术可能导致子宫穿孔。“子宫穿孔”，是人流术最为凶险的并发症，子宫穿孔的发生率，国外为1.7%左右，我国略偏高，约为2%。流产手术导致的其他并发症还有子宫颈撕裂、“流产不全”、阴道炎、输卵管炎、子宫内膜炎、卵巢炎、盆腔炎、腹膜炎、宫腔积血、腹腔积血、漏吸、宫腔或宫颈粘连、子宫内膜异位症、月经失调、女性继发不孕、宫外孕（有过人流术病史的女性其宫外孕发生率比从未做过人流术的女性高出5倍）、失血性休克、感染性休克等。如果是无痛人流，就还得加上麻醉意外的风险。

明白流产与不孕之间的关系，对于还未走进婚姻生活、今后还要做妈妈的女大学生来说意义重大。因为流产手术中稍不注意，就会伤害到子宫，如同不同程度地破坏了生殖工程“大厦”的“基石”。轻者，子宫内膜可在1—2年内修复，重者，把未来当“妈妈”专用的子宫的肥沃土壤也“刮”掉了，“刮”成了茫茫的沙漠区，“刮”出了女性不孕症。一句话，刮去了许多人当妈妈的基本条件。有专家指出“一次人流，导致不孕的概率就达5%”。流产已经成为不孕最直接、最主要的原因。重庆市有一个计划生育科学研究所曾对1236例不孕不育病人的病因进行分析，发现由女方疾患引起的不孕症中，近60%的病人是由人工流产和药物流产引起的继发性不孕。在对前来做“试管婴儿”的100多对夫妇进行的随机调查中，有90%左右是人工流产和药物流产导致的输卵管阻塞引起的不孕。在继发不孕患者中，有88.2%曾有人工流产史，流产次数越多，继发不孕的发生率越高，有过3次以上人工流产的女性其不孕症发生率为92.13%。短期内重复流产可能出现一些并发症，如出血、月经不调、慢性盆腔炎等，从长期来看可能危害更大，流产4次以上的女性发生继发性不孕症的比例高达92%。有媒体报道某女大学生一年之内流产3次以上，真是让人既骇然又痛心，怎么可以如此伤害自己的身体！

为了尽量减少流产手术的后遗症，大学生一定要选择正规的、有资质的医疗机构进行手术。国家《计划生育技术服务管理条例》，有关“人流”的规定，即该条例第26条明确规定“个体医疗机构不得从事计划生育手术，包括人流手术，从事人流等计划生育手术的服务人员，应当依照《执业医师法》和国家有关护士管理的规定，取得执业医师助理医师、乡村医生或者护士的资格”。但做“人流术”或中妊引产术的人员，首先应是医师，还要持有《计划生育技术服务人员合格证》《母婴保健技术服务执业许可证》，才允许施行流产手术。但是现实生活中，尤其是大学院校周围的一些街边小巷内，一些个体诊所“人流生意”相当兴隆，某些小诊所为了节约成本，消毒不严格，造成许多流产手术后的“隐患”，轻者造成生殖系统感染，重者可致子宫穿孔、基底层内膜刮伤等，严重破坏女生的生殖健康，给女大学生的身心健康带来巨大伤害。

总之，流产应该是大学生避孕失败的无奈选择，绝对不可以把流产当作避孕措施。

第四，重视流产手术之后的护理和恢复。流产后的休息被称为“坐小月子”。流产手术后在注意科学饮食加强营养的同时，最好休息1个月，一般要休息2周以上，但前3天是关键的时段，应以卧床休息为佳，一定要让子宫“平卧”休息。然而，很多女大学生在进行流产手术后，不愿被人知道，有的甚至还上体育课，这样对身体的恢复极为不利。其实，从根本上说为了避免流产手术产生的风险，防止人流的发生是关键。首先是尽早了解避孕知识。“从未恋爱过”的学生，也应该认真学习、弄懂避孕常识。其次是控制性冲动，避免性生活。万万不能纵欲，尤其是女生，千万不要说“为了爱你，我愿意献出我的一切”。曾经有一篇叫《莫把青春赌妊娠》的文章，尽管文章揭示的案例是个别现象，但是它却真实地展现了女大学生轻率流产带来的严重后果。这篇文章说的是某大三女生，她和男朋友短暂恋爱便发生了性关系。因为不懂避孕知识，仅一年多时间她做人流手术多达 3 次。第 4 次怀孕时由于赶上考试复习，耽误了早孕人流最佳时期，只好等假期引产。谁知在怀孕 6 个月时，B 超确诊为中央型前置胎盘。中央型前置胎盘被产科医生比喻为产科领域的“定时炸弹”，大约怀孕到一个多月的时候，可能出现胎盘“撕裂”而大出血，导致早产或胎死宫内。但是她的中央型前置胎盘，正好堵住了胎儿的“出口处”或子宫内口。医生嘱咐这位女大学生不要到处乱跑，随时警惕大出血。但是 6 天后还是出了问题，这位女大学生立即被送到了手术室。后果可想而知，在以后的人生中她想做妈妈的机会比一般女孩要少很多！当然这个案例有些极端，但是如果不引起重视不加强教育和引导，就会有第二个、第三个这样案例的出现。这样献出一切的爱，值得吗？不断让女朋友“怀孕”进而“流产”的男生的爱是真正的爱吗？是负责任的爱吗？学业没有，健康不在，又拿什么去爱呢？即使对方基于责任、怜悯和同情走在一起，可是又能走多远呢？到时候也许留下来的只是自己的病体。所以说女生千万要自爱，既是对自己负责，也是对父母亲人负责。[1]

2013年11月25日北京晨报记者徐晶晶撰写的《北京人大代表呼吁禁播人流广告，建议学生堕胎免费》反映了学生做人流手术的诸多现状，以及人大代表的新建议。徐记者指出寒暑假是“学生人流月”。北京妇产医院计划生育科主任医师陈素文坦言，每年的寒暑期过后，学生流产的确会出现一个明显的“小高峰”，而这一现象在海淀区这样高校比较集中地区的医院尤其突出。陈医生介绍妇产医院的人流门诊量，一个月五六百例左右。在她工作的十年中，她感觉有两大变化非常明显：首先是做人流手术的患者群体年轻化了，22岁以下年轻患者增多；其次，高危手术增多了，其中包括近期流产（流产间隔时间短）、反复流产（流产次数多），同时也与恋爱低龄化趋势有关，而年龄越小，手术风险就越大。让人惊心的是有的学生把无痛人流当作避孕措施。接受人流的未成年学生多半对性知识知之甚少。据陈医生介绍，她接诊过的很多女孩，在不到一年时间里，已做了三次人流，“反正人流也是无痛的，无所谓”。很多年轻人把人流当作避孕措施，平时不避孕，事后紧急避孕药也只是无防护性行为的一种补救措施，吃药不行就来做。其实所谓无痛流产并不像很多人想象得那么简单。虽然解决手术中的疼痛问题，但手术后子宫收缩的疼痛不能解决，还存在常见并发症，例如：多次手术宫腔残留、出血几率会明显增加，还有感染问题，将来造成不孕、子宫内膜损伤等。陈医生认为目前社会对性开放的包容度，强调个人自由的趋势“有点过头”，“胆子大了，但知识没跟上，性教育普及程度不够，女孩子不懂得如何更好地保护自己”。

对于“无痛流产”，人大代表卫爱民认为目前社会上不少不法医

---

[1] 陈胜湘主编．大学生生殖医学与性教育读本．长沙：湖南科学技术出版社 2010.

院为了招揽生意夸大宣传所谓“无痛流产”。而真正教学生们正确保护身体的公益广告却很少。所以政府应该坚决禁止各种媒体刊发人工流产广告。相反，公立医院则应该采取适当方式在大众媒体上呼吁不得做类似无痛人流不影响学习、工作等带有误导性宣传的广告。另外，学生们选择流产手术时害怕被家长、老师等熟人发现，自己手头又不宽裕，往往去不起大医院，而是选择社会上一些营利性医院去做人工流产，有些学生甚至选择没有资质的乡村小诊所。一些同学甚至还自己买堕胎药自行堕胎。所以卫爱民建议，在全市公立医院实行学生堕胎免费制度，或者只收不超过一百元的治疗费，起到一定的经济抑制作用，以避免怀孕学生因为没有足够的流产费用，而选择到收费相对便宜的私人医院就诊遭受二次伤害。他还建议，对堕胎女生实行谈话制度，由医务人员对堕胎女生进行不少于一定时间的谈话，谈话内容具体明确，包括术后的护理、心理疏导、避孕常识、发育期心理健康常识等等。要充分保障堕胎学生的个人隐私，不得向他人泄露。对于监护人的保密问题，则建议通过立法解决。他还建议学校设性教育课普及常识。在每年放寒暑假之前，各类学校集中开设一次性教育课，教材可以由各区县先行编纂，在取得经验的基础上，全市进行统一的编纂。其中比较关键的问题是普及基本的避孕常识，保护好孩子们的身体健康。同时建议学校安装避孕套箱，且要安置在没有探头的地方，方便学生购买。

记者的文章揭示了让人担心的现状，人大代表的建议具有一定针对性，但是“在公立医院实行学生堕胎免费制度”的建议在社会上激起了热议。有人担心一旦实行免费或更低收费，可能起到鼓励年轻人做人流手术的反作用。还有性教育的尺度放开到多大，业内存有争议。在校园安装避孕套箱这一建议也面临不小的压力。

不论人大代表提出的建议是否具有可行性，但是这份心思还是挺可贵的。医生的介绍描述了一个性教育落后、性知识缺乏的事实，尤其是“把无痛人流当作避孕措施”让人震惊，多么的无知！性教育的普及真的是迫在眉睫。

3.3.3 加强大学生的性道德教育

性道德，是人类生活所特有的，由物质生活和经济生活所决定的，维系人类延续和发展，并且依靠人们内心对性的信念和社会手段，并以善恶来评价的性意识、性行为和性原则规范的总和。[1]

首先，尊重性的自然性。人的性欲要求及其满足，是一种正常的生理需求。它不仅是人类求生存和物种繁衍的必要原动力，是人类“生命意志”的最高体现，而且是人类个体生理、心理发展的必备要素，对人的身心健康具有重要的影响。对健康、正常性欲的合理满足，可以释放由性激素传导而产生的性动力、性张力，缓解人们心理上和精神上的压力，使人得到肉体的快感和精神的欢愉，从而促进人的身心健康发展。大学生性生理已趋成熟，性意识十分明显，由于多种因素使大学生性需求不能实现，如果再缺乏正确的引导和教育，大学生会因为性压抑、性冲突而出现严重的性心理障碍。所以说要尊重而不是回避甚至鄙视大学生的性需求，积极进行性知识的普及，比如说安全套的使用，避免危险性行为的发生。当然尊重大学生的性需求并不是放纵性欲，近年来因为西方文化的渗透和影响，社会上五花八门的性刺激因素日益增多，致使部分大学生性观念发生混乱，性犯罪率逐年上升，已成为不容忽视的社会问题，因此，要对大学生的性需求进行积极地引导和转移。比如激励大学生把主要的时间和精力投身于学习和工作，不要给自己留下太多空闲、无所事事的时间，以免让性的意念和幻想占领头脑。每天按时

---

[1] 单树萍．性道德教育——当代德育教育的新内容，中国性科学．2007（12）．

作息，充实有序，让关于性的杂念无处容身。休闲时间从事健康的文化娱乐和体育活动，避开有性诱惑的娱乐环境。不看有性刺激的影视录像和书刊，不参与涉及性内容的闲聊。

其次，强调性的社会性。性的社会属性是指任何人都是社会的人，任何人的性需要、性冲动、性满足都是在社会环境中，在与社会和他人的密切关系中表现和实现的，也就是说异性之间的性交往、性结合，不是以纯粹的自然方式进行的，而是以丰富多彩的社会方式进行的，人类的性关系已不是单纯的自然关系，而是高度社会化的一种社会关系。在性活动中人们不仅关注性需求的生理满足，更会在意性活动中的赞赏、尊重、关心、爱护、责任、义务等思想感情和道德因素；性的社会性，使人类的性关系脱离了自发性、盲目性，具有了社会规范性和规定性，具有了道德和法律的意义。性道德的具体内容是：双方自愿、无伤原则、男女平等、尊重女性原则、坚持情感为基础专一的两性关系、有血亲关系的人之间不许乱伦，如母子、父女、兄妹等；女人月经期不允许实施性交行为。还有“朋友之妻不可欺”“禁止婚外性行为”等规范，都是人类“约定俗成”的“性道德”范畴。

当今多数大学生能意识到性的社会属性，但性道德观还很模糊。部分学生则完全否认性道德存在的意义，重物欲满足、感官体验，责任感有减弱的倾向。一是强调自我，淡漠性的社会性。在性这个问题上他们崇尚“性是私人的事”，就像吃饭一般，是否发生纯粹由自己决定，与旁人无涉。所以他们可以在校园里高调示爱，可以有婚前性行为，可以在校外同居。有学生在被问及“性关系需不需要进行道德判断”时，相当多的学生认为，这是个人私事，不应该进行道德评判。一些学生回答说没有道德标准，性和爱也可以分离，有爱不一定有性，有性不一定有爱，追求性欲的满足，不太考虑性爱的情感基础和社会影响。二是性的随意性。很多大学生对性的认识非常肤浅，性的道德观念非常淡漠，因而不可避免地使得其性行为非常随意。有调查指出“90后”大学生对各种传统所不能接受的观念包容性更大，如对同性恋婚姻合法化持无所谓态度的占58%；只要真心相爱婚前同居可以接受的占56%；对一夜情持无所谓态度或不反对的占44%。[1] 包容性提升的同时也反映出大学生对爱情婚姻神圣感的旁落，对婚恋伦理道德关注的削弱。社会约束感减弱，随意性也就增强了。现在一些高校的告示栏中都贴有日租房、月租房信息，这就方便了大学生情侣同居生活。有学校附近房产中介人员坦言，学校附近的小区租住者有一半都是大学生，其中以情侣一起租住居多。在某大学的论坛BBS上，专门开设了一个租房信息板块，上面有不少是男女朋友求租房或者合租的信息。可见大学生情侣中婚前同居的比较多。传统性道德观念比如说贞操观被淡化了。三是性的责任感的缺乏。性道德责任感的缺乏表现在大学生对性的生物性理解要强于对其社会性的理解。问及“为什么不能等到婚后才发生性关系”时，一些学生认为这是人的本能需要，是爱情的表达，认为婚后才能有性关系的思想是不合时宜的，是应当被抛弃的传统性道德观念。部分大学生不清楚在上学期间因发生性行为而导致的意外怀孕带来的伤害对自己的将来意味着什么，只是被眼前的欢愉所诱惑和蒙蔽。“要生你就去生吧，我还要考研呢，早知道就不跟你一起来了。”这是一个男生对意外怀孕的女友说的话。有一个女孩一年打胎四次。第四次的时候，男友的母亲带她去做人流手术，医生说：“怎么不打算生下来，这样损伤太大了，对以后生育有影响。”准婆婆的回答是：“我儿子说了，他们还了解不深啊。”这样的对话看不到温暖、体恤、关爱和责任，女生情何以堪！

---

[1] 李蓓. 谈“禁婚令”解除后高校大学生婚恋管理和教育［J］. 法制与社会，2011（10上）：205.

大学生在性观念中的偏差，导致一部分学生无法正确处理学业与恋爱的关系，往往顾此失彼，造成学业的荒废；社会阅历的浅薄和心理承受能力的脆弱，再加上青春期的冲动和对性的好奇使一些大学生难以承受恋爱的失败，从而引发一些悲剧。精神崩溃引发的自杀、他杀事件，破罐破摔促成的恶意报复事件近年来屡屡发生。目前，我国青少年的犯罪数量占总犯罪量的70%，其中有30%是性犯罪，而且犯罪朝着低龄化、手段多样化的方向发展。近几年来，大学生性违法犯罪率明显升高，卖淫嫖娼、强奸案件屡见不鲜，主要就是由于他们的性无知，对性的好奇心，性冲动，以及社会上不健康的黄色污染的影响，再加上他们的性责任感的缺乏等造成的。

第4章 大学生健康生活教育：为幸福护航

人类的幸福只有在身体健康和精神安宁的基础上，才能建立起来。

——欧文

健康是指在生活中没有疾病或摆脱虚弱，身体、心理与社会适应的完好状态。我国的健康教育始于20世纪80年代，1984年正式使用“健康教育”一词[1]。1997年《中共中央、国务院关于卫生改革与发展的决定》和2002年《中共中央、国务院关于进一步加强农村卫生工作的决定》明确提出健康教育是公民素质的重要内容。

4.1 大学生健康素养现状

大学生健康教育在我国已经开展了20多年，虽然学生的健康意识已经有了很大提高，但是大学生亚健康发生率仍高达62.3%[2]。我国高校大学生普遍存在学习任务重、学习压力大及精神负担重的现象。

---

[1] 姬春，李新辉．国内外城市社区健康教育与健康促进的现状与展望［J］．护理研究，2006（11）：2915－2917.

[2] 李淼晶，牛志敏，许岩丽，等．高校社区实施大学生健康管理的研究［J］．中国高等医学教育，2009（6）：45－46.

国家体育总局于2011年9月2日发布了2010年国民体质监测结果。结果显示：①身体形态方面，成年人的体重增长幅度大于身高增长幅度，呈现出超重与肥胖率持续增长；②身体机能方面，反映身体机能水平的成年人肺活量、台阶指数比2005年有较大提高，但与2000年基本持平，表明2010年成年人的身体机能水平有所回升；③身体素质方面，成年人力量耐力持续增长，绝对力量和爆发力呈持续下降趋势。大学生大部分属于成年人组（20—59岁）的成员。❶2009年国家公布中国居民健康素养具备率为6.48%❷。

最近几年不断有专家学者对我国大学生的健康素养进行调查研究。2008年张洪志等对河北省普通高校大学生健康素养现状的调查分析结果表明，河北省普通高校大学生健康素养知晓率总体水平为37%，其中女大学生为49%，男大学生为27%，女生高于男生，其中医学类院校为43%，师范类院校为37%，农工类院校为30%。2008年黄丽雯等对珠海市学生健康素养进行调查分析的结果表明，大学生健康素养知晓率为31.0%，女生健康素养知识知晓率为37.4%，高于男生的27.2%。2011年陈晖等人通过调查得知杭州市在校大学生具备健康素养的比例为16.2%，具备基本知识和理念、健康生活方式与行为、基本技能3方面素养的比例分别是16.2%、11.4%和68.2%，科学健康素养为52.5%，安全与急救素养为43.6%，传染病预防素养为32.9%，基本医疗素养为28.5%，慢性病预防素养为2.6%。2010年李蓓等对长沙市高校新生健康素养进行调查的结果也表明，调查对象健康素养整体水平不高。百分制问卷中，调查对象健康素养得分为69.20分，健康生活方式和行为的

❶ 陈爱莉．当前我国高校女大学生体质健康的现状与分析［J］．中国市场，2013（45）：183.

❷ 卫生部妇幼保健与社区卫生司，中国健康教育中心（卫生部新闻宣传中心）．首次中国居民健康素养调查报告［R］．北京：卫生部，2009.

得分最低（63.91 分），健康素养基本技能得分最高（83.18 分）。[1] 2011 年郭静等对北京市大学生健康素养进行调查的结果显示，具备健康素养的大学生的比例为 24.75%，其中基本健康知识和理念知晓率为 41.77%，健康生活方式与行为形成率为 13.37%，基本健康技能持有率为 73.04%；其中女生健康素养具备的比例为 27.88%，高于男生的 20.66%；医学生中具备健康素养的比例最高，为 41.92%，其次是文科生，为 18.01%，理工科学生最低，为 12.55%；虽然其整体健康素养水平不高，但与全国居民15—25 岁组的健康素养水平相比较，高出 8.41 个百分点。2011 年周鄂生等对武汉市某高校大学生健康素养进行调查的结果显示，受调查的大学生对健康知识的平均知晓率为 70.48%，对于健康生活方式与行为的平均熟悉程度为 64.93%，对于求生技能的平均掌握率为 92.67%。2011 年沈莉等对南京某高校大学生健康素养进行调查，分析结果表明，大学生具备健康素养的比例为 1.8%，具备健康知识与观念、健康生活方式与行为、健康技能素养的人口比例分别为 15.4%、0.7%、36.7%。

2012 年刘衔华等人[2]对“90 后”大学生的健康危险行为进行了调查，结果显示在伤害性行为方面，5.3% 的人曾有打架斗殴行为，42.1% 的人曾骑车带人，1.8% 的人曾酒后驾车，14.0% 的人曾到没有保护措施的场所游泳，3.5% 的人考虑过自杀。在网络行为方面，89.5% 的人经常上网超过预定时间，91.2% 的人每天上网超过 3 小时。在烟酒行为方面，50.9% 的人曾经饮过酒，7.0% 的人曾经醉过酒，但几乎没有人因饮酒伤人；26.3% 的人曾经或正在吸烟。在饮

[1] 陈晖，等．浙江省杭州市某高校大学生健康素养现状分析及对策［J］．中国健康教育，2011（12）：91.

[2] 刘衔华，等．“90 后”大学生的健康危险行为状况调查［J］．大家健康，2012（6）：71.

食及减肥方面，7.0%的人经常不吃蔬菜，10.5%的人经常不吃水果，17.5%的人经常吃零食，14.0%的人经常吃油炸食品或甜食，8.8%的人经常不吃早餐，40.4%的人认为自己体重超重，49.1%的人采取过措施减肥或使自己不长胖，8.8%的人采取过服药或催吐等减肥措施。在性行为方面，36.8%的人表示支持婚前性行为，12.3%的人已发生过性行为，12.3%的人在进行性行为时不用或很少用安全套。在运动行为方面，42.1%的人每天静坐超过8小时，49.1%的人从不参加强度小的体育运动，40.4%的人从不参加剧烈的体育运动。在“90后”大学生的健康危险行为中，发生率居前两位的为每天上网超过3小时和经常上网超过预定时间。

从上面的资料可以看出：大学生的健康素养总体水平低，而且在健康方面存在认识误区，比如对减肥的认识。健康危险行为发生率偏高、偏多。健康知识贫乏，没有养成良好的生活习惯，如吸烟、酗酒、作息时间不规律、不吃早餐、不参加体育活动等，这些不良习惯造成身体健康状态下降。所以要全方位地加强对大学生的健康教育。当然现在高校对大学生的心理健康教育抓得很紧，进教材、进课堂、进头脑，这“三进”工程都做得不错。但是生命质量的提升仅靠心理素质的培养是远远不够的，身体是革命的本钱，存在是生命的本质，只有保持生命健康的存在，才能使生命教育有的放矢，才是生命教育富有成效的标志。一个身体健康的人才有更多的精力关注心理健康，关注人生意义，关注生命的价值；也只有身心健康的人才能更容易拥有美满的爱情和幸福的人生。

在国外健康教育也很受重视。健康教育是美国生命教育的重要内容之一，目前差不多所有的州都通过立法或由州教育委员会做出决议，规定要对中小学生进行一定时间的健康教育，其中有36个州将其定为必修课。按幼儿园和低年级、四年级、五年级、六年级四个阶段将其内容细化，并确定了具体的健康教育目标。其中，小学健康教育的重点领域分为身体、心理、社区健康三个方面；中学健康教育分为身体健康、心理和感情健康、预防和控制疾病、营养、药品的使用和滥用、意外事故的预防和安全、社区健康、环境健康、家庭生活健康等十个方面。❶ 美国大学也注重学生的心理健康、性教育，在体育课上，健康知识被认为是学校体育教学的重要组成部分。

4.2 健康生活 科学减肥

进入21世纪，肥胖成为影响人类健康的主要危险因素之一，肥胖作为一种独立的疾病和与肥胖相关的多个慢性非传染性疾病（高血压、心脏病、糖尿病等）正逐渐成为危害青少年健康的重要问题。当前国际上广泛使用体质指数［（BMI）＝体重（kg）/身高的平方（m^2）］作为肥胖、超重诊断标准，亚太地区标准：BMI<18.5为轻体重；18.5≤BMI<23为标准体重；BMI≥23为超重，其中23≤BMI<25为肥胖前期；25≤BMI<30为肥胖Ⅰ度，BMI≥30为肥胖Ⅱ度。❷

有资料显示我国大学生的肥胖发病率在10%—20%左右❸。2002年王跃等人的调查表明肥胖大学生占正常学生人数的11.50%，男生明显高于女生。❹ 尽管男生肥胖率高于女生，但是对肥胖的在意似乎女生比男生更甚，研究者也关注得更多些。2013年陈爱莉在《当前我国高校女大学生体质健康的现状与分析》一文中指出：对辽

---

❶ 卢杰．美国生命教育理念与方法的启示［J］．山东省团校学报，2009（5）．

❷ 王跃．大学生肥胖检出率与体育能力和身体素质关系研究［J］．河南教育学院学报（自然科学版），2002（1）：30.

❸ 王建雄．大学生肥胖检出率以及肥胖对大学生体质的影响［J］．天津体院学院，1996（4）：28.

❶ 王跃．大学生肥胖检出率与体育能力和身体素质关系研究［J］．河南教育学院学报（自然科学版），2002（1）：30.

宁省部分高校进行调查的结果显示：超重、肥胖和标准体重的学生比例由大一至大四均呈递减趋势，而过轻和偏轻体重的比例则均呈递增趋势。这说明随着年级的增长女大学生显然更加在意自己的体重，却忽略了偏轻体重也会影响身体的匀称度和身体形态发育水平；对重庆部分高校进行调查的结果显示：女生身高高于全国女大学生的平均身高，体重高于全国女大学生的平均体重；对西安部分高校进行调查的结果显示：女大学生身高、体重均高于全国女大学生平均水平；对温州部分高校进行调查的结果显示：女大学生身高、体重均低于全国女大学生平均水平；对苏州部分高校进行调查的结果显示：根据体重测试结果，较低体重组占比例最大，其次是正常体重组，再次是营养不良组和肥胖组，从总体上看，女生发育水平处于较低状态；对北京部分高校进行调查的结果显示：女大学生较低体重的比例和肥胖的比例都是较大的，出现了“两头大、中间小”的不正常的状态，特别是女生较低体重比例相对较大，大学生的营养过剩使肥胖生增多，身体形态匀称程度水平较低；对广西壮族自治区部分高校进行调查的结果显示：女大学生身高随着年龄的增长呈波动性变化，体重指标随着年龄增长呈逐渐上升的趋势，身高体重指数随着年龄的增长呈现上升的趋势。[1]

随着经济社会的发展，随着营养水平的提高，一方面肥胖的发生在增加，另一方面生活中“以瘦为美”的审美标准搅动了很多人的心，尤其是女大学生的爱美之心，于是在求美的路上出现了对肥胖的认知误区。近年来，把自己的体型评价为具有超重或肥胖倾向的人正在不断增多。相关研究结果显示[2]：对于自身体型的评价，多

---

[1] 陈爱莉．当前我国高校女大学生体质健康的现状与分析［J］．中国市场，2013（45）：183.

[2] 徐静，宁艳花．某医学院校女大学生对肥胖的认知及减肥行为的现状调查［J］．哈尔滨医药，2013（5）：362－363.

数女大学生不能做出正确的判断，认为自己瘦或偏瘦的有16.2%，而实际BMI值计算后发现瘦或偏瘦的人占21.6%；认为自己胖或偏胖的人占22.5%，实际分析后发现胖或偏胖的人仅仅占3.2%。自我评价为瘦的人中做出正常评价的人较多，而体型正常的人中，评价自我体型偏胖的人占多数。而且多数女大学生对于自己的体型判断具有超重或者肥胖倾向。有57.2%的人是从体重上来定义肥胖的，这些人中有36.9%的女大学生认为肥胖会对自己的生活产生影响。但是，有86%的女大学生认为身材要匀称不一定要瘦。由此可见，女大学生对于自身体型的评价有失偏颇。研究还发现64.9%的女大学生未采取过任何的减肥措施。这说明女大学生对于减肥的意向只停留在一种想法上，而未采取过措施。然而，具有这种减肥意向的心态是错误的，在精神上和健康上都会对女大学生产生一定的危害。研究表明，青春期女性设想自身体重比实际体重更肥胖的倾向十分普遍，这使得不少女性因“想瘦”的强烈欲望而减少了摄食量，陷入营养摄取不足的境地。而这种饮食的混乱也造成了青春期女性的身心不协调[1]。

对于真正肥胖的学生来说减肥当然是必需的，但是目前有很多大学生，尤其是女大学生由于对自身体型的不满意、为了使自己更美丽和增强自信心，追求形体完美，受到某些误导，盲目减肥，甚至一些正常体重、较低体重的女大学生也实施减肥计划，结果严重影响了她们身体的正常发育。有资料显示，个体的身体自尊感越低，个体的瘦身倾向越强[2]。

对于如何减肥，大量研究表明，在适当限制饮食的基础上配合

---

[1] 高德顺，陈海涛，丁洪祥. 关于青春期女大学生减肥的调查研究[J]. 中国体育科技，2002，38（6）：36－38.

[2] 孙金蓉，苏红鹏. 女大学生瘦身行为与认知现状的调查［J］. 体育学刊，2005，12（5）：50.

运动疗法，既可达到理想的减肥效果，又易于为人们接受，且无副反应，因此目前国际上通常采用“饮食调整+运动+行为矫正”作为减肥的综合方案[1]。

科学合理的膳食有助于控制体重。但是膳食结构不合理和盲目减肥现象普遍存在：有研究表明[2]，被调查的大学生中48.1%营养素摄入量低于推荐摄入量的80%，6%高于推荐摄入量的120%；有67.5%的人认为自己应该节食减肥，并且认为正在减肥的学生并不肥胖，而是体重正常，甚至消瘦。学生的饮食行为也普遍不合理、不科学，饮食习惯不良，如不吃早餐、爱吃零食、偏食等。大多数同学具备良好的营养态度和一定的营养知识，但是欠缺合理的饮食习惯。因此对大学生的饮食行为进行正确指导，对于改善肥胖状况至关重要。

下面这个例子对于大学生保持健康的身体，养成科学的饮食习惯非常有意义。曾经有一位女士拿着一份“健康”的食谱咨询中国农业大学营养学专家范志红：几年来一直健康饮食，还有运动，为什么反而脸色发黄，皮肤缺乏光泽和弹性，月经推迟而且量也变得越来越少了呢？这位女士的健康食谱是：早晨，每天先喝一杯红糖姜水，不是说“早吃姜赛参汤”，还说“女人不可百日无糖”吗？然后喝燕麦粥配点乳黄瓜小菜。燕麦是优质的杂粮。还加上三个枣，“一日食三枣，终生不显老”嘛。燕麦粥里还加了半勺蛋白粉。碳水化合物、蛋白质、水果都有了，一份优质的早餐！中午，吃得有荤有素，三分之一碗米饭（按食堂的规矩，一碗是2两饭），两小块枣子大的肉或者两三口炒豆腐，一份凉拌木耳或者蘑菇等菌类，还有

---

❶ 荣湘江，孙绪生，杨霞．体育康复运动处方医务监督［J］．桂林：广西师范大学出版社，2000：117.

❷ 马兴友．邢台市女大学生膳食与肥胖认知状况调查［J］．中国学校卫生，2010，31（1）：43－44.

一份炒绿叶菜，比如炒小白菜、炒菠菜之类的，大概半碗的量。然后喝点玫瑰花茶之类的花果茶，玫瑰对女人好啊。晚上，要吃少，吃一个苹果，一把葡萄干，还有10粒榛子。不是说“一天一苹果，医生远离我”吗？葡萄干不是能补血养颜吗？坚果不是能预防心脏病和中风吗？如果晚上饿了，就再加豆浆粉冲一杯豆浆。豆浆适合做夜宵。其他零食我都不吃，甜饮料不喝……我是不是吃得很健康？

范教授的回答是：按正常情况，女性一天应当摄入至少半斤粮食（250克）。就算运动量小又想慢慢减肥，至少也该吃到150克。她早上吃了20克左右的燕麦片，中午那三分之一碗米饭大概也就30克，一天只吃了50克左右的主食。然后再说大豆和豆制品，加上坚果，每天的量是30—50克。她喝了1杯豆浆，吃了两三口豆腐，吃了10粒榛子，大概能把低限凑够，这项就算勉强达标了。奶类每天300克，她完全没吃（不喝牛奶和酸奶）。肉类50—75克，她只吃两小块大概能有30克左右，再说这项还是和豆腐替换的，不是每天吃。鱼类和水产品75—100克，她一口没吃。蛋类要求25—50克，她也没有吃。蔬菜类要求300—500克，她只吃了半碗青菜和一点凉拌木耳，加起来也就150克，这差远了，而且品种太少。水果要求200—400克，一个富士苹果加上葡萄干能达标了，只是这两样维生素C的含量都太低。

这样吃并不健康，天天这么吃会营养不良。能量太低，蛋白质严重供应不足，各种维生素都没吃够，钙根本不够，铁和锌也很难满足需要。身体血红素铁不足，可能造成贫血。能量过低，蛋白质不足，贫血，都可能造成月经不调，经血量减少。同时，这些营养不良情况也会造成脸色发黄。雌激素水平过低，皮肤就会缺乏弹性，特别是中年女性，更容易显老。营养不良状况使更新最快的胃肠道细胞受到影响，消化吸收能力下降；而消化吸收能力下降，又会影响到多种矿物质的吸收。蛋白质以及铁和锌等微量元素不足，还会造成新陈代谢率下降，人会比较容易怕冷，头发和皮肤质量下降。从范教授的解答可以看出，那位女士的健康食谱并不健康。那位女士看似罗列了一份非常健康的食谱，并且每天也是这样执行的，但是有两个主要问题：一是品种不够丰富，二是食物的分量不够充足，所以身体必需的一些营养元素得不得供给，自然也就得不到梦想的身体形态了。

其实，坚持合理饮食的同时，坚持运动减肥是人们的共识，但是问题在于大多数人难以坚持。有调查结果显示[1]：女大学生采取的最常用的减肥方法是运动减肥，但是对于运动减肥每天坚持的人仅仅只有10.4%，这也是造成女大学生减肥效果不明显的一个主要原因。而选择节食减肥和调整饮食结构减肥的女大学生占多数，这种不科学的减肥方法其实对于女大学生的身体有很大伤害，并且减肥效果并不明显。采取药物减肥的女大学生较少，其中认为有减肥效果的只有2.7%，在减肥过程中，大多数人在出现身体不舒服的时候会马上停止减肥，这说明女大学生的减肥行为还是很盲目，对于自身身体健康的关注程度不高、认识不够，只有在危及自身后才会有所觉察。女大学生是一个盲目认识其自身身体状况以及不合理减肥的高发群体。其实无论是男生还是女生，都应该正确认识自我在社会中的角色，合理认识肥胖、正确对待减肥，应该采取多管齐下的方法来有效减肥，从而减少某些错误的减肥行为给身体带来的伤害。

4.3　安全用药　小心滥用

人们研究、生产药物的目的在于治疗疾病。伴随着我国医疗卫生事业的发展，我国人均预期寿命已经从新中国成立前的40多岁增

---

[1] 徐静，宁艳花．某医学院校女大学生对肥胖的认知及减肥行为的现状调查［J］．哈尔滨医药，2013（5）：362－363.

加到70多岁，其中药物治疗起到重要的作用。发展药物治疗，不仅着眼于延长人类的寿命，也着眼于提高人类的生活质量。但是在诸多药物的研究成果中，总是伴随着药物滥用的阴影。药物滥用不仅危害人体健康，而且成为滋生吸毒、盗窃、抢劫、卖淫等刑事犯罪的温床。

近年来，随着我国公众用药需求的增长，药品不合理使用、滥用问题日益突出。据统计，我国每年约有250多万人次因药物不良反应致病住院，一半左右的耳聋患者是滥用抗生素所致，而且每年仅抗生素滥用引起的耐药菌感染所造成的经济损失就达百亿元以上。可见，不合理使用、滥用药物问题已经成为影响公众健康和安全的重要因素，因此，进行全民用药安全教育、提高安全用药意识极为迫切。尽管大学生身体状况较好，但是多了解一些用药安全方面的知识还是非常有意义的。

大多数药物都或多或少地有一些毒副作用，特别是长期使用或用量较大时，很容易在病人身上出现毒副反应。即使像“阿司匹林”这样公认的比较安全的常用药物，如果大量服用，也能引起中毒甚至死亡。常用药物的滥用危害有以下几个方面。

第一，抗生素的滥用。抗生素的滥用现象，目前比较普遍且严重。滥用抗生素会引起过敏反应、耐药性等一系列问题。对于一般伤风感冒，有人亦用抗生素治疗，这不仅是一种浪费，而且可引起不良反应，促使细菌产生耐药性，增加并发症，延长病程。由于大多数病毒对抗感染药不敏感，所以感冒的治疗主要以对症治疗为主，如发热头痛、全身酸痛，可选用解热镇痛药；鼻塞流涕可选用减轻鼻充血药；过敏者可选用抗组胺药；咽痛可选用消炎喉片，此外还可采用中药治疗。

第二，解热镇痛药的滥用。目前国内解热镇痛药中销售量最大的是解热镇痛片（即APC片，含非那西丁、阿司匹林和咖啡因）与去痛片（即索密痛片，主要含氨基比林和非那西丁）。这类药物如果滥用，必然会造成药源性疾病，有时还容易对药物形成依赖性。长期服用含非那西丁的制剂，可引起肾乳头坏死、间质性肾炎等，甚至可能诱发肾盂癌和膀胱癌。非那西丁还易使血红蛋白形成高铁血红蛋白，使血液携氧能力下降，引起发绀反应。此外，非那西丁还可引起溶血性贫血，并对视网膜有一定毒性。长期服用非那西丁，还可造成对药物的依赖性。

第三，中药的滥用。传统观念中人们以为使用中药比西药安全。中药无毒副作用，中药可长期服用，多服补药可防病，煎药时间越长越好，这实际上是错误的。中药相对来说比西药的毒副作用要小些，但中药中也有剧毒药，如服用不当，一样会引起不良反应。比如巴豆、苍耳子、六神丸、雷公藤、甜瓜蒂、木通、牵牛、苦楝子等。六神丸、六应丸、梅花点舌丹等中成药常用于治疗咽喉肿痛、扁桃体炎等，有较好的疗效，但因内含蟾酥，具有一定毒性，若服用过多，可能出现头晕、胸闷、心悸、气短、恶心呕吐、腹痛腹泻、口周及四肢麻木、大汗淋漓等中毒症状。中医的特色是整体观念和辨证施治，中药必须在中医基础理论指导下正确使用才能发挥其应有的作用。

第四，药物联合应用上的滥用。我们经常会遇到看病时医生会同时开具好几种药，当然是病情的需要，并且医生也清楚地知道各种药物之间相互作用的情况，一般都会考虑避免药物之间的不良反应。但是在日常生活中，大学生也会自行到药店购买药品，或者在生病时自作主张地把几种药混在一起吃下去，这样就可能会产生一些不良反应。联用的药物愈多，产生不良反应的可能性愈大。在药物的联合应用中，抗生素的联合应用是比较滥的。有文献指出，青霉素或链霉素与四环素族、氯霉素联用，在低浓度时略呈协同作用，但到一定浓度以上，其疗效反不如单用青霉素或链霉素。

第五，补药、激素等的滥用。有些人包括一些大学生迷信补药对人体的保健作用，擅自主张吃各种维生素、补血药或某些中药补益药（如人参）等。其实人体是否需要进补，啥时补，补什么，怎么补，都是挺有讲究的，最好遵医嘱。个人盲目吃补药，有可能会适得其反。激素类的药物更要慎重使用。比如雌性激素长期使用可能引起卵巢的退化、萎缩。糖皮质激素滥用的结果可影响激素的正常分泌，诱发糖尿病、高血压等，也会引起与皮质功能亢进症相类似的不良反应，如高血压、满月脸（面胖）、骨质疏松、溃疡、尿糖、精神异常、多毛、痤疮、踝部水肿、阳痿、月经障碍等，必须引起警惕。

总之，以上一些例子说明，滥用药物的后果是极为严重的，必须引起警惕并设法避免和制止。

4.4 珍爱生命 远离毒品

早在 1974 年，澳大利亚的 Rve. TedNoffs 牧师就针对青少年吸毒且许多青少年死于吸毒这一问题，提出了 life education（生命教育），并于 1979 年成立了第一所生命教育中心。随着近年来毒品吸食者出现低龄化趋势，学校急需将禁毒教育引入课堂。基于大学生年轻、冲动、好奇、易被诱惑的特点，高校加强远离毒品的教育意义重大。

公元前 4000 年，巴比伦人已经知道鸦片对人体可以产生强烈的精神作用。17 世纪中叶，英国殖民者向我国强制倾销鸦片，造成当时毒品泛滥，不仅大肆掠夺国民资产，也给国民精神文化和健康造成了危害，由此引发了著名的鸦片战争。1919 年，日本一位化学家首次合成了冰毒——甲基苯丙胺。冰毒外观为纯白结晶体，晶莹剔透，故被吸毒、贩毒者称为“冰”。因为它对人体的中枢神经系统具有极强的刺激作用，且毒性剧烈，又被称为“冰毒”。冰毒的精神依赖性极强，已成为目前国际上危害最大的毒品之一。吸食冰毒后会产生强烈的生理兴奋，能大量消耗人的体力，降低免疫功能，严重损害心脏、大脑组织甚至导致死亡，吸毒者的预期寿命明显缩减。吸食成瘾者还会造成精神障碍，表现出妄想、好斗等，引发社会治安事件。在“二战”期间，甲基苯丙胺曾作为抗疲劳剂在士兵中广为使用。“二战”后，日本将库存的苯丙胺类药物投放市场，造成50年代的首次滥用。20世纪60年代，欧美国家的夜总会、酒吧、迪厅、舞厅中开始滥用这类毒品。90年代后，被标榜为不易成瘾、损害轻微的以冰毒、摇头丸为代表的“舞会药”，在全球范围形成流行性滥用趋势，滥用群体从早期的摇滚乐队、流行歌手蔓延至以青少年群体为主的社会各阶层。

鸦片、海洛因等麻醉药品主要是罂粟等毒品原植物再加工的半合成类毒品，来源有限，价格昂贵；而新型毒品大部分是通过人工合成的化学合成类毒品，所以新型毒品又叫“实验室毒品”“化学合成毒品”，由于可以按照化工品生产模式获取，其价格相对低廉，危害更为广泛。海洛因等传统毒品多采用吸烟式或注射等方法使用，对环境条件有一定要求；新型毒品大多为片剂或粉末，吸食者多采用口服或鼻吸式，具有较强的隐蔽性。滥用冰毒的危害主要表现为：一是心瘾难除，成瘾性极大。冰毒的生理毒瘾即生理依赖性并不是很大，所以滥用冰毒者在戒毒的时候，身体上的痛苦是比较容易忍受的。但滥用冰毒者戒毒后的心理及精神上的痛苦则极大，且极易成瘾，某些人因为心瘾而始终走不出吸毒—戒毒—复吸的怪圈。二是极度兴奋，耗竭身体。三是诱发心脏病，性功能丧失。有资料证明妇女长期吸食冰毒会导致性冷淡，甚至无性要求，有些吸毒者还同时有闭经、不排卵和不育等状况发生。男性吸毒者性功能障碍更为明显。

毒品之所以成为毒品，都具有四个共同的特点，那就是其具有成瘾性（依赖性）、耐受性、危害性、违法性。但共同特点的背后就是各类毒品在每一特点上都呈现出各自的特性。就以成瘾性与危害性来说，综合近年来诸多学者的研究成果，滥用海洛因的危害主要表现为：一是诱发各种疾病，海洛因吸毒者极易产生脓肿、败血症、破伤风、感冒、肝炎、艾滋病等疾病，过量则会死亡。冰毒则会诱发心脏病，有高血压及脑中风的威胁，长期使用会致脑器官病变。冰毒大剂量使用容易引起精神错乱、思维障碍，类似妄想性精神分裂症，多疑、幻听、被害妄想等，容易产生暴力行为。二是巨额费用，导致倾家荡产。三是无法正常生存，诱发违法犯罪。四是人格变异，丧失亲情。生活反常态化、谎话多、戒毒真假难辨、搞钱不惜手段；多幻想且荒谬、离奇、恐怖，情绪极易激动；冷酷仇恨、自卑孤独、爱心与责任缺失；易出现自残与伤人等危险行为。五是极易成瘾，极难戒断。身体戒断依赖症状极其明显，心瘾极难去除。

毒品已成为全球公害，非法种植罂粟地区如“金三角”“金新月”和“墨西哥”，近年来又增加了黎巴嫩、哥伦比亚。生产精神药品的国家主要在奥地利、比利时、荷兰、瑞士。冰毒主要产地在台湾。近年西方社会鼓吹毒品合法化，毒品涉及各个阶层及年龄段，尤其是青年和妇女吸毒的比例正在增加。我国原为无吸毒国家，近年受影响，云、贵、川、陕、甘和内蒙古比较严重。截至 2011 年年底，全国共发现登记吸毒人员 179.4 万人，其中海洛因滥用人员有 115.6 万人，占 64.5%；合成毒品滥用人员 58.7 万人，占 32.7%，同比上升 35.9%；全国新增滥用合成毒品人员 14.6 万人，同比上升 22%。同时，合成毒品问题进一步呈现向中小城市、农村发展蔓延的趋势。[1] 特别值得一提的是，无论是传统毒品，还是新型毒品，青

[1] 国家禁毒委.2012 年中国禁毒报告［J/OL］. 北京禁毒在线，2012－08－09.

少年滥用问题都较为突出，尤其是14周岁至18周岁之间的青少年人群滥用毒品现象更为严重，应引起我们的高度关注。吸毒人员的低龄化趋势已经引起社会各方的关注。特别是近些年来新型毒品发展势头迅猛，截至2011年年底，全国滥用新型毒品人员58.7万人，同比上升35.9%，其中35岁以下的青少年占67.8%。[1] 为了应对此趋势，教育部门也对在校学生开展了有针对性的毒品预防教育，但高校的毒品预防教育相对较弱。当前，高校的禁毒教育多采用常规的形式：组织学生参观禁毒教育馆，请禁毒警察开设讲座，或是将禁毒教育的内容嵌入到思想政治课中。[2]

2000年王庆位等对在校大学生毒品知识进行调查与分析，结果为：知道什么是吸毒的仅占62.5%，而不知道的或不了解的“毒盲”竟占31.6%。在对毒品的好奇心上，有2.5%的人显示了若有机会接触毒品，想尝试一下的心理，不可小觑这2.5%！有89.8%以上的同学认为很希望了解关于毒品的知识；针对高校应如何对在校大学生进行毒品知识的教育这一问题，认为应加强教育、多办讲座、结合正反事例提高学生认识、不要回避现实的占77.2%；认为高校应当高度重视，开设有关课程或选修课或分出几节课来专门对学生进行教育以提高学生认识的有7.7%；两项合计占总数的84.9%。这表明在校大学生中绝大部分希望了解有关毒品知识。在对有关毒品知识的了解来源上，学校教育仅占15.9%（中小学时期），家长教育仅占19.4%，参观展览则只有13.1%，而高校教育则为0。从在校大学生对当前社会对毒品问题的宣传方面的回答中，认为“宣传少”“不够广泛”的占77.5%。这些在校大学生属于文

---

[1] 中国国家禁毒委员会办公室.2011年中国禁毒报告［EB/OL］.http://mps.gov.cn/n16/n80209/n8048/n804535/2804926.html.

[2] 叶郁辉，贾少微.国内外学校禁毒健康教育现状［J］.中国健康教育，2005（6）.

化层次较高，联系社会面比较宽的，从他们的答复中可见我们的社会宣传很多流于形式，并未深入实际。在对青少年吸毒问题的回答上，有66.9%的同学回答不了解，这表明我们的毒品知识的普及教育和宣传尚有相当多的工作要做。

2013年许书萍[1]对大学生毒品认知的调查结论为：大学生平均了解常见的15种毒品中的8.45种毒品，平均知晓率为56.3%。有12名学生回答从没听说过，占调查总人数的2%。在每一种毒品名称中，按照大学生知晓的频数由高到低排列，可以发现：对“鸦片”“吗啡”“大麻”“冰毒”“可卡因”“摇头丸”和“K粉”等宣传较为广泛的毒品，大学生的知晓率较高，都在80%以上。而对于“致幻剂”“美沙酮”“止咳水”“浴盐”“麻果”等毒品相对知晓得较少，知晓率都在40%以下。关于毒品吸食方式，调查对象知晓的平均吸食方式为3.17种，有13人没有听说过任何一种吸食方式，占总数的2.1%。其中，口服、鼻吸、肌肉注射和静脉注射这四种方式大学生选择较多，知晓率达到了77.6%以上；而含服和毛孔吸收这两种方式大学生则相对较少知道，知晓率分别为30.4%和13.7%。大学生对毒品对人体神经功能的损害、生理功能的损害、艾滋病传播和成瘾性这四个方面有较好的认识，这四个方面的危害选择率达到了82.8%以上；而对毒品会引发犯罪率的上升这方面的认识还相对较少，占总数的61.5%。可见，大学生更多地将吸毒看作是个人的行为，对吸毒和犯罪行为之间的认识还不够清晰。大学生对冰毒、摇头丸、K粉等化学合成为主的新型毒品的认知，选择“听说过”的人数占调查人数的51.4%，没有“听说过”的人数占总调查人数的48.6%。可见，有关新型毒品的知识和危害还需要进一步普及

[1] 许书萍．高校毒品预防教育的对策——基于大学生毒品认知及易染原因的调查［J］．青少年犯罪问题，2013（6）：85.

宣传。

从2000年到2013年，大学生对毒品的认知有了很大的进步。社会和学校较强的宣传和教育起了很大的作用。但是对于毒品的危害性和毒瘾是否可以戒除等在毒品预防教育中属于最基本的知识还存在认知不足的问题。尤其是对刚入学的大学新生进行禁毒教育特别重要。1997年，国家教育委员会联合国家禁毒委员会下发通知，规定把禁毒教育作为国民素质教育的组成部分，正式纳入中小学德育教育教学大纲，要求在大中小学校有针对性地开展形式多样的禁毒教育。但实际情况是，在升学的重压下，学校并没真正认识到毒品危害的严重性和毒品预防的重要价值，毒品预防教育与其他应试课程的教育相比较，处于边缘位置，或认为禁毒宣传只是毒品重灾区才开展的工作，因此，中小学校在禁毒教育上工作主动性差，活动的开展有较强的随意性和临时性，教育过程中对学生的要求低，停留在学生仅能说出几种毒品的名称、知道部分毒品危害的层面上，缺乏对禁毒知识全面而系统的教育。

高校应当弥补中学时期毒品教育方面的不足，应该开设有关课程专门对学生进行教育，参观禁毒基地，请专家讲座、与吸毒人员进行交流，多看一些禁毒方面的影视作品，全方面增强对毒品的认识，从而远离毒品，提高生命和生活质量。

4.5 洁身自爱 防范性传播疾病

性传播疾病简称性病，主要指通过性接触、类似性行为以及间接接触传播的传染性疾病，不仅可在泌尿生殖器官发生病变，而且还可通过淋巴系统侵犯泌尿生殖器官所属的淋巴结，甚至通过血行播散侵犯全身各重要组织和器官。广义的性病包括很多种：梅毒、淋病、非淋菌性尿道炎、尖锐湿疣、生殖器疱疹、艾滋病、软下疳、性病淋巴肉芽肿、生殖器念珠菌病、滴虫病、细菌性阴道病、阴虱病、疥疮，乙型肝炎和股癣等也列入其中，目前性病已达20余种。

据WHO报告，每年20岁以下的青年人约有5%感染性传播疾病。大学生属于特殊的群体，生理上属于青春后期育龄初期，年龄上处于性活跃期，大多数缺乏生殖健康知识和自我保护意识，更易受到西方文化中对婚前性行为观念的影响，这就使我国大学生中的非婚性行为比例高达15%左右[1]。2013年黄晓丽等的调查显示[2]：坚决反对婚前性行为的男生仅占10.8%，女生占27%；对婚前性行为持可以接受态度的男生占54.7%，女生占44.8%；对婚前性行为持支持态度的男生占18.8%，女生占15%；对婚前性行为持事不关己态度的男生占15.7%，女生占13.2%。仅0.5%的男生、0.69%的女生能正确回答性病的种类；26.6%的男生、39.0%的女生知道艾滋病；29.9%的男生、44.9%的女生知道艾滋病的传播途径；了解淋病和梅毒的男生分别占1.5%、5.54%，女生分别为1.9%、6.24%；知道安全套和洁身自好是预防和避免性病传播的有效手段的男生占34.7%、54.3%，女生占56.2%、74.4%。2010年尤琪等人[3]的调查认为大学生对性传播疾病的正确定义程度相差很多。几乎所有的学生（97%）都能正确定义艾滋病为性传播疾病。超过三分之二的学生也能正确定义生殖器疱疹、阴虱、梅毒和乙型肝炎。而他们对衣原体感染和非特异性尿路感染了解不多，甚至不了解。他们对性传播疾病的症状和预防几乎不了解。按百分制计算，被调查

---

[1] 陆卫群，等. 在校大学生婚前性行为及避孕行为研究［J］. 生殖与避孕，2006，26（7）：426－432.

[2] 黄晓丽，等. 高校学生易导致意外怀孕和性传播疾病的健康危险行为现况研究［J］. 现代预防医学，2013（9）：169.

[3] 尤琪，等. 大学生性知识和性行为调查分析［J］. 现代生物医学进展，2010（11）：208.

有效问卷性知识平均得分为63.5分，其中低于平均分数的为61.2%，满分仅有4.5%。从这些调查中可以看出，大学生对性行为的容忍度很高，性观念比较开放，但是对性病的了解还不太全面，对性病的传播途径也了解不多，所以加强这方面的宣传教育非常有必要。

性病的传播途径包括：性行为传播，此为性病的主要传播方式；间接接触传播，接触被病原体污染的衣物等；血液和血制品传播，如梅毒和艾滋病；器官移植、人工授精传播，如艾滋病；职业性传播，主要指职业暴露如医护实验人员及警察等；胎盘传播，由患病的母亲传给胎儿，如梅毒、衣原体、支原体、HIV 感染等；产道传播，淋菌性结膜炎、衣原体、HIV 感染等。其中未采取任何保护措施的性行为，与其他人共用注射器静脉注射吸毒或共用其他可以刺破皮肤的器械、使用未经检测的血液或是血制品，艾滋病病毒阳性的女性怀孕、生育和哺乳等这些是高危行为。其他可能引起血液传染的途径有：如用于文身、理发、扎耳朵眼、美容、修脚等用的刀具不消毒、被扎伤；与其他人共用刮脸刀、电动剃须刀、牙刷；外伤及打架斗殴引起的流血；救护伤员的时候，救护者破损的皮肤接触伤员的血液，并确认一方有艾滋病感染。据调查，大学生对性病传播途径的了解非常贫乏。同样大学生对何种生活方式会传染性病亦是不太清楚，住在集体宿舍里的大学生，可能共用许多生活用品，殊不知与他人共用牙刷、剃须刀等也有机会传染性病，但他们的防护意识差，加之此年龄段人群思想活跃、性观念开放的自身特点，这就构成了这一年龄段为性病危害最大人群的原因。

在众多性病种类中，艾滋病被称为世纪癌症而引起人们恐惧。在大学校园中积极进行预防艾滋病的教育意义更为重要。艾滋病是一种危害性极大的传染病，由感染艾滋病病毒（HIV 病毒）引起。HIV 病毒是一种能攻击人体免疫系统的病毒。它使人体丧失免疫功能，因此，人体易感染各种疾病，并可发生恶性肿瘤，病死率较高。HIV 病毒在人体内的潜伏期平均为 8—9 年，患艾滋病以前，可以没有任何症状地生活和工作多年。HIV 病毒主要存在于感染者和病人的血液、精液、阴道分泌物、乳汁中。艾滋病的传播途径有：①性行为。与已感染的伴侣发生无保护的性行为，包括同性、异性和双性性接触。②静脉注射吸毒。与他人共用被感染者使用过的、未经消毒的注射工具，是一种非常重要的 HIV 病毒传播途径。③母婴传播。在怀孕、生产和母乳喂养过程中，感染 HIV 病毒的母亲可能会传播给胎儿及婴儿。④血液及血制品（包括人工授精、皮肤移植和器官移植）。握手，拥抱，礼节性亲吻，同吃同饮，共用厕所和浴室，共用办公室、公共交通工具、娱乐设施等日常生活接触不会传播 HIV 病毒。

2013 年 12 月 23 日网易教育频道的黎秋玲撰文指出广州一高校检查出艾滋病感染病例超 10 例，多是男同性恋。广州市疾控中心主任介绍说由于艾滋病经性传播、尤其是男同性恋传播形势日趋严峻，学生人群中因为好奇、模仿而受感染的病例越来越多见。据介绍，15—24 岁的青少年病例已从 2008 年的 101 例上升到 2012 年的 203 例，以平均每年两成的速度增长。其中，学生病例从 2008 年的 7 例上升到 2013 年的 25 例，总共已累计达 111 例。大学生中的艾滋病主要集中在“男同”中间。以往大学生感染艾滋病是很稀少的，但目前从检测情况来看，广州 40 多所大学里面都已有了艾滋病感染病例，其中某大学甚至已发现感染艾滋病病例超过 10 例。这是比较高的感染率了。并且这只是目前掌握的情况，也许这个数据还不完全。广州市疾控中心艾滋病防治科主任医师徐慧芳告诉记者，广州从 2002 年开始发现有学生感染艾滋病，目前已累计 117 例，有 3 名发现时仍在读高中，九成都是经同性性传播感染。从这则资料不难看出，虽然目前大学生中感染艾滋病的总人数还不算太多，但是发展趋势越来越严峻，需要正视。

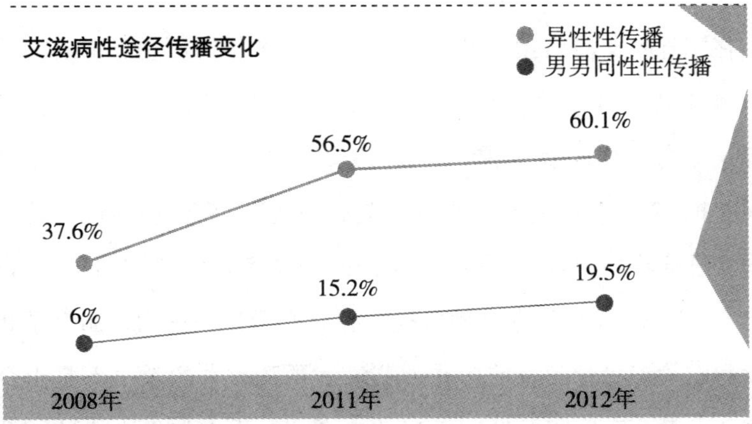

资料来源：人民网，2013－11－30.

据原卫生部、联合国艾滋病规划署、世卫组织联合发布的中国艾滋病疫情估计的报告，2006年1月至2011年9月，每年新检测发现的HIV感染者、患者中，职业报告为“学生”的，呈现逐年上升趋势，从2006年的0.96%升至2011年的1.64%。报告还显示，感染的学生，经同性性传播比例从2006年的8%升至2011年的55.5%，经与异性性传播比例从4%升至19.3%。这说明青少年，包括在校大学生，受HIV病毒感染的威胁越来越严重。艾滋病正逐渐向被视为净土的大学校园侵蚀，这是必须正视的事实。艾滋病感染者、患者的20—24岁年龄组中，学生所占比例从2006年的20.3%升至2011年的49.0%，深入探究可发现，不安全性行为是最主要原因。曾有人做过中国大学生与艾滋病相关的性安全研究，发现11.9%的大学生有过3个以上性伴侣，大学生中的男男同性行为人群已成为全国大中城市不可忽视的活跃人群，甚至有万人大调查表明，7%的男性大学生有过男男性行为经历，而且30%的性伴是陌生人，55%未使用安全套，11%有过商业男男性行为。因此，针对当前大学生思想开放、个性张扬，却又自控力低的特点，要提高性安全防护意识，提高校园对艾滋病知识的知晓率、感知艾滋病威胁的存在，增强大学生应对危险情景、拒绝不安全性行为等的能力。

在国外，艾滋病预防教育已经有二十多年的历史，而且，早在1988年1月，世界卫生组织在伦敦召开的“全球预防艾滋病规划”的部长级高级会议上就提出，把1988年作为“全球防治艾滋病”年，并把12月1日确定为“世界艾滋病日”，更确切地说，是“世界同艾滋病作斗争日”。我国对艾滋病预防教育的关注始于20世纪90年代初，90年代中期开始重视，并成立了相关机构、制订了相关制度和政策。尽管到目前为止，艾滋病预防教育的效果不是很令人满意，但是，它确实已经初见成效。当前对于大学生来说预防性传播疾病、艾滋病的教育任重道远。高校应利用健康教育课（包括必修课或选修课）对学生进行预防艾滋病的教育，向学生宣传我国艾滋病发展的最新情况及流行趋势，重点讲解艾滋病的危害、艾滋病临床症状与传播途径、如何预防艾滋病以及相关的青春期性健康教育知识、无偿献血知识、禁毒知识等，使学生了解艾滋病的传播途径，掌握预防艾滋病的知识和相关生活技能，培养文明健康的生活方式，增强抵御艾滋病侵袭的能力。同时组织权威、具有经验和教学技巧的专家开展专题讲座不失为一种较好的教育形式。学校应充分利用现有的校园网作为开展健康教育的载体，通过QQ群、飞信、微信等网络工具，向大学生传播艾滋病预防及性健康知识。学校还可利用校园广播、校报、宣传栏、宣传手册等途径来进行宣传。近年来，大部分高校都成立了“红十字会”“红丝带协会”等与医疗卫生相关的社团，由大学生自发举办、组织的活动易在学生群体中产生共鸣，大大提高了学生参与的积极性，这也是进行大学生防性病防艾滋病教育的有效途径。

4.6 增强自控 警惕网络沉迷

现代社会互联网高速发展，它也确实给我们的学习和生活带来了巨大的便利。我们确实很难逃脱它的影响，但是上网过度则对大学生心理健康会产生负面影响，严重时甚至感染网络成瘾综合征，使身体受到损害，心理趋于封闭，难以完成学业，从而对社会和家庭都造成严重的危害。网络沉迷，是指由于重复对网络的使用所导致的一种慢性或周期性的着迷状态，并带来难以抗拒再度使用的欲望，同时会产生想要增加使用时间的张力与忍耐、克制、退缩等现象，对上网所带来的快感会一直有心理与生理上的依赖。[1]“寒窗苦读数十载，一朝却被网络害”成了许多因沉溺于网络而葬送学业的大学生的真实写照。据不完全统计，全国每年因学习原因受到学籍处理的学生中，超过80%是因为在网上耗费太多时间。[2]

2012年中国互联网络发展状况报告指出截至2011年12月底，中国网民达到5.13亿，其中有大专及以上学历的网民已达96.1%。在过去五年内18—25岁群体互联网使用率保持高速增长，学生占网民总数的30.2%，约为1.55亿。[3]（截至2014年12月，我国网民规模达6.49亿，全年共计新增网民3117万人。）网民平均每周上网时长为18.7个小时，同比分别增加4%和0.4小时。在网民中，青少年占56.5%，其中在校大学生是网络使用者中最活跃的群体[4]。据

---

[1] DENNIS SALEEBEY. 优势视角——社会工作实践的新模式［M］. 李亚文，等，译. 上海：华东理工大学出版社，2004.

[2] 龚文娟. 对大学生网络成瘾症的社会心理学理论解释［J］. 社会心理科学，2005（1）.

[3] 中国互联网信息中心. 中国互联网络发展状况统计报告［R］. 北京：2012.

[4] 中国青少年上网行为调查报告［R］. 中国互联网络信息中心，2011：9－10.

中国青少年网瘾数据报告（2009）显示，我国18—23岁的青少年网民中网瘾比（15.6%）最高，高校大学生成为了青少年网瘾的一大主力军。❶ 有研究指出当前大学生用手机上网的占84.7%。“90后”大学生每天上网平均时间为3.16小时。23%每天上网的时间超过5小时，42%为3—5小时，25%为1—2小时，只有10%低于1小时。从上网熟练程度看，93.6%表示上网技能“娴熟”。此外，89.6%的“90后”大学生以聊QQ和发短信作为人际交往的主要手段，其中76%全天24小时保持手机QQ在线，67.4%认为网络给生活带来了方便和乐趣，61%因为互联网而减少其他课外活动，42.1%认为网络已经成为日常生活的一部分，36.7%表示课余时间大多在网上度过，只有6.1%认为网络在生活中是可有可无的。❷ 大学生热衷于微博、微信、人人网、腾讯QQ、手机短信等方式进行交流，对于传统的面对面交流产生了困乏、害怕与距离感，从而导致不少大学生日渐依赖网络与手机，缺乏真正意义上的交流与互动，喧嚣的孤独由此产生，并使交流障碍症得以流行与蔓延；或者沉迷在网络游戏中不能自拔，用虚拟世界的喧嚣规避现实世界的困难和孤独。高科技低情感是很多大学生生存状态的写照。“技术强大的征服力量使人也变成它征服和奴役的对象，人在强大的技术力量面前似乎已成为无足轻重的存在物。”❸

在“90后”大学生的健康危险行为中，发生率居前两位的为每天上网超过3小时和经常上网超过预定时间。据一些资料表明：90%的青少年上网时玩网络游戏，其余是上网聊天和浏览一些不健康的网站，其中未成年人占相当大的比重，成为网络游戏的主体；

---

❶ 中国青少年网络协会.2009青少年网瘾调查报告［R］.北京：2010.

❷ 杨维东.“90后”大学生的网络媒介素养与价值取向［J］.重庆社会科学，2013（4）：38.

❸ 皮朝纲.审美与生存［M］.成都：巴蜀书社，1999：44－45.

80%的青少年违法犯罪案件与网络游戏存在关联，网络游戏已经成为他们违法犯罪的直接或间接的诱因。[1] 沉迷网络不仅使大学生的健康产生问题，也让一些大学生变得漠视生命，陷入犯罪深渊。比如沉溺于暴力电子游戏之中，将导致一些人认为人是杀不死的，有时可以“满血复活”，从而导致他们在现实生活中表现出日益增强的暴力倾向。更有甚者，有些沉迷于网络的人，对于网络中的杀人游戏，期望到现实中来进行体验。如2002年12月29日傍晚，在四川省眉山市某网吧，数名学生沉溺于电子游戏中的“奋力厮杀”场面时，有一个学生提出“在电脑上打没劲，来点刺激的，找个真人练练”。这个提议立即得到响应，走出网吧后，八名学生对一路过的中学生大打出手，致其伤害致死。[2] 这样的沉迷多么可怕！

中国互联网络发展状况报道指出截至2014年6月，我国手机网民规模达到5.27亿，使用手机上网的人群由2013年的81.0%提升到83.4%。作为网络主力军，现在大学生在课堂上使用手机亦是非常普遍的现象，他们或者聊QQ、发短信、刷微信，或者找资料，有的甚至玩游戏看电影等，对于这些状况大学教师有些无可奈何。对手机的过度依赖，从学习方面看，一方面使得一部分大学生根本无心向学，最终因为成绩糟糕而被赶出大学校园；另一方面，网络信息的无孔不入可能导致大学生的学习呈现出碎片化的状态，影响大学生系统知识体系的建构，出现学习浅薄化的趋势。而从社会交往来看，无论是在课堂上、食堂里，还是在宿舍里，大学生很多时候都是“低头一族”，人机交往的频率远远大于与他人面对面的情感交流，进入“读屏时代”，典型的人机交互过度，表现出高科技低情感

---

[1] 陈庆文，等．论网络游戏影响下的青少年犯罪及矫正对策［J］．金卡工程—经济与法，2010.

[2] 徐久生．校园暴力研究［M］．北京：中国方正出版社，2004：182.

的生存状态，表现出面对现实问题的低能状态，以至于像兄弟姐妹般的室友关系都容易出问题，甚至出现伤人性命的惨剧。正如德国学者雅斯贝尔斯描述的高技术条件下的人们“像沙粒一样被搅和在一起，他们都是一架机器的组成部分”，他们“对事物和人的爱减弱了，丧失了。在机器跟前的人只专注于直接的目标，无暇、也无兴趣去整个儿地思索生活”。❶“科技的高速发展为人类社会的进步插上了翅膀，但是这种翅膀却被套上了锁链。人类不能套着锁链飞翔。”❷这种对高科技的依赖以及由此而强化的“孤独”问题应该引起充分的重视。否则我们真会陷入弗洛姆所言的“现代人异化于自己，异化于同类，异化于自然。现代社会既是物质富裕社会，又是精神不健全的、异化的社会”❸。大学课堂是传递知识的所在，也应该是塑造健全人格的人生驿站，孤独的、片面的、异化的人是对初衷的背离。我们不能一方面创造了一个物质高度富有的世界，另一方面却在这个世界中迷失了自己。

因为网络的存在，我们的人才培养正在经受这样的挑战。怎样打破这样的局面，这是一个从教育主管部门到大学生自己都必须认真应对的问题！否则对一些大学生来个体来说因为网络沉迷输掉了自己的人生；而对国家来说，则可能是一代人才的缺失！

中共中央办公厅、国务院办公厅发布《关于加强大学生学生活动场所建设和管理工作的通知》以来，高等院校成为防控大学生网络成瘾的主阵地。大学生网络沉迷及网络成瘾救助研究在我国广泛地开展了起来，这对于改善大学生心理健康和提高大学生素质具有

---

❶ 卡尔·雅斯贝尔斯. 时代的精神状况［M］. 王德峰，译. 上海：上海译文出版社，1997：42－43.

❷ 唐袅. 科技属于人民［M］. 北京：中国人民大学出版社，2001：53.

❸ E. 弗洛姆. 健全的社会［M］. 孙恺详，译. 贵阳：贵州人民出版社，1994：19.

积极而重要的意义。首先，积极寻找替代性活动，转移学生的注意力。心理学研究认为，网瘾形成机理同烟瘾、毒瘾一样，都是操作条件反射形成、巩固和强化的结果，其实质是一种基于心理障碍的行为异常。从理论上说，要戒除网瘾，就必须阻断上网操作（刺激物）和网络快感（强化物）之间的联系。而从实践中看，采用适当方法改变学生的兴趣点，转移学生的注意力，对于帮助他们摆脱网瘾的束缚具有实际作用。因此，高校应该关注学生健康人格的发展，大力开展各种类型的课外活动，让学生在活动中充分展现自我，实现价值，学会人际交往，养成沟通习惯，减少对网络的依赖；组织开展各种形式的网上思想道德教育活动，开展网络问题的大讨论等，通过讨论，强化学生对网络功能的认识，自觉抵制诱惑，远离网瘾；健全各级学校的心理咨询和辅导机制，及时发现有网瘾倾向的学生，及早干预，最大限度地降低学生网络成瘾的可能性。其次，加强学校、家庭和社会的联动合作，多关注学生，加强宣传力度，避免网瘾的形成。

4.7 悦纳自己 理性整形美容

爱美之心人皆有之，青春年少的大学生尤甚。俊秀的身材、美丽的容颜是很多人的追求。尤其是毕业之前不少学生走进美容院重塑美丽的自己，整形美容作为寻求理想职业的“敲门砖”已经被大学生广泛接受和认可。另外随着生活水平的提高，更多的学生有经济能力走进美容院，所以每逢寒暑假，整形美容医院出现了大学生扎堆整形美容的现象。据一份调研结果显示[1]：目前，女大学生已经成为整形美容消费的一大群体，占当前整形美容大军总数的34.4%，

[1] 张华．“90后”大学生整形扎堆在暑假［N］．羊城晚报，2013－07－02.

其中60.3%的人是为了增强自己的求职竞争力而整形的。20岁的大双（化名）2013年毕业于广州广播电视大学。“虽然大家都说我本人长得很漂亮，可是我并不这样认为。”大双告诉记者，“4年前，我在职高读旅游专业，学校的女孩子们都特别爱美。在实习期间，我被安排在一家四星级酒店大堂做服务员，结果总是被大堂经理嫌弃长相不够出众而为难我。”一想到之前受到的委屈，大双忍不住掉下眼泪，她说，“从那个时候起，我就想着要做整形手术了”。大专毕业时，大双下定决心在找工作之前就把自己变得更漂亮。以前一直反对做整形的妈妈，后来还专门陪她到各大整形医院咨询。最后做了双眼皮手术，之前的小单眼皮变成了美丽大眼，她认为整形让自己变得更加自信。可见，整形美容不再是传统印象中影视明星们才做的事情。

“近年来，整形美容在大学校园里备受青睐，大学生对整形美容有了较高的认可度，整形美容人数不断增加，而且出现由高年级向低年级，由女生整形美容向男生整形美容的快速过渡。根据某大学的一项调查问卷分析，目前17—23岁整形美容的大学生人数占全校大学生总人数的37.9%，其中女生占整形美容总人数的82%。”[1] 毫无疑问，大学生热衷整形美容有其深刻的动因，有很多人因为整形美容而拥有了中意的工作和美好的生活，但是，生活中类似“超女整形致死”之类的新闻也常常见诸报端，所以说“爱美”没错，但是如何理性地“求美”是一个值得好好关注的话题。

当前最受大学生欢迎的整形美容项目有：①做双眼皮。据调查有50%的学生选择了做双眼皮。拥有一双水汪汪的大眼睛绝对是许多爱美学生的至上追求。双眼皮不仅会增加眼睛的立体美感，而且

---

[1] 郭新辉，等．大学生整形美容现状与对策［J］．中国卫生产业，2011(24)：117.

使眼睛看上去有神且充满灵气。做双眼皮适合每一个人吗？据专家介绍，这要根据人的眼型具体分析，如果眼睛短且小，那么做出来的双眼皮就会不自然，而且会使眼睛显得更圆更小。②隆鼻。据统计有20%的女性朋友选择了假体隆鼻。鼻子的形态、高度决定着美与丑，鼻子是脸部最突出的五官，鼻子充分显示人格魅力，影响一个人的外貌美丑，更是人们注意的焦点。隆鼻可以达到调节五官的效果，所以暑期很多学生选择了隆鼻。③激光脱毛。难看的体毛往往会影响心情。频繁地使用脱毛膏和剃须刀对皮肤会造成难以避免的损伤，而且操作麻烦。激光脱毛能够达到永久的脱毛效果，所以暑期有很多的学生选择了激光脱毛。④激光祛痘和吸脂减肥。祛痘和减肥也是部分学生关注的项目。脸上长痘和身体肥胖是青春期女生最大的困扰，选择在暑期进行处理成为学生们的不二选择。

大学生追求貌美，无可厚非，但要安全理性地求美。第一，选择正规的整形美容机构，做好手术前准备。首先应了解整形美容机构是否有行业资格；其次是对整形美容项目的审查，了解该机构进行的整形美容项目是否在审批范围之内，可以查询各类美容医院门诊部的“美容手术医疗范围”资质。一名合格的医疗美容外科主诊医师至少要具备3个证书：《医师资格证书》《医师执业证书》《医疗美容主诊医师资格证书》。仔细观察医院卫生状况和医护人员的精神面貌。和医师沟通时要多用心体会，医师的技术水平高低不一定会从医师口中了解到，但可以从自己的咨询过程中慢慢感觉到。最好多咨询几家机构，做一些对比和参考。值得提醒的是，正规医院明码标价，很少与消费者讨价还价，而有些小机构则会随意讲价或有很低的折扣，他们只有靠降低技术、服务、材料品质等来保证利润空间。

第二，正确认识整形风险。整形风险对于任何一名去整形美容机构求美的消费者都是存在的。无论整形技术如何发展，这毕竟是外科手术，只要是手术，就存在一定风险。所有的整形手术都存在创伤、并发症和疤痕，都会对整形者的身体和心理带来一系列影响，因此人们选择了整形也就选择了风险。所以大学生在整形之前有必要认真了解一下整形可能带来的潜在风险，而不能只听以牟利为目的的整形美容机构的片面之词，他们为了吸引消费者，有可能把风险淡化，从而给受术者带来了无限痛苦。具体有如下几个方面：

一是面部整形当心疤痕、面瘫的发生。一些不太正规的美容院变脸时操作不规范，由于技术和条件原因，都有可能给受术者本来光洁的脸上留下疤痕。有些美容手术由于消毒等操作没做好，脸部美容手术后有时会导致痒、痛、不适等症状，严重的会发生挛缩造成脸部畸形。另外，面部美容变脸有可能造成神经损伤成面瘫。媒体曾报道，我国西南某省，一位本来年轻靓丽的女士，在做完变脸手术后，由于手术损坏了面部神经，导致“口眼歪斜”，吃饭时嘴只能张开一条缝，刚好只能放进筷子，给自己的身心健康造成严重伤害，后悔晚矣！

二是重睑术术后可能引发并发症。重睑术即双眼皮成形术。虽然重睑术是一个非常小的美容手术，也比较安全，但既然是开刀的手术，总归有发生并发症的可能，在术前、术中以及术后，都有可能发生并发症。如血肿，若处理不当，严重者可引起视力减退，应注意术前、术中、术后的消毒和抗感染工作，如果发生感染，后果不堪设想。另外如重睑高度不对称，重睑皱襞过短、过浅，重睑线不流畅，三角眼，重睑线深陷，三重睑以及形成切口瘢痕等都有可能发生。

三是另类整形不美反丑。现在各个大中城市都有极少数“哈韩”“哈日”的年轻人，热衷穿舌环、唇环、削尖耳朵、肚脐变成十字架或桃心等另类整形。另类整形对美的需求已经超出了正常范围，而且任何美容手术都会给身体造成影响，另类整形手术尤其如此。比如，切割肚脐可能会在肚脐周围留下很大一圈刺眼的伤疤；乱穿耳洞会造成耳部的软骨受伤，引起软骨膜炎；挂鼻环容易造成鼻前庭缩窄，严重的还要进行鼻腔成形手术；挂唇环则容易使嘴唇出血、发炎、肿大、溃烂，进而影响人的进食；钻石镶牙，容易造成受术者的牙釉质损坏，引起牙齿过敏，从而缩短牙齿的寿命。

四是填充物破裂成体内垃圾。隆鼻、丰胸或者是脸部的一些整形手术需要往身体里放入填充物。那些东西本来是人体不需要的，强行放到人体中间去，就是破坏自然，破坏人体本来的平衡环境。一般身体的异物都会对人体有副作用，有些生产商或美容医院在广告里说，他们的美容填充物没有任何副作用——这是不可能的。这样的手术有要求非常严格的操作过程，不是随便一家美容院和诊所能施行的。一旦手术不理想，需要取出恢复可就不像填充时那么容易了，有的填充物由于各种原因发生破裂，产生的不良影响也是相当严重的。

五是吸脂不当留下后遗症。吸脂术就是利用各种科技手段，直接从人体内把累赘多余的脂肪抽出来。如今，吸脂的方法很多，利用吸脂机是主流，目前吸脂机的更新很快，过去是意大利体外超声，现在是美国第三代、第四代超声机，它们都有一个共同点，最主要是靠负压，用负压吸力把脂肪抽吸出来。但是不管什么类型的吸脂术都有风险，吸脂最大的风险是脂肪栓塞，严重者危及生命。吸脂还要注射很多麻药，表面针眼小，内部损伤却很大，高血压、糖尿病人做这些手术风险更大。另外，个别人抽脂后反弹很快。

追求美是我们人类向往美好人生与积极进取的一种客观体现，无可厚非，但我们在选择任何对自己身体的非必要手术时，一定要以科学和客观的态度来确定是否承受它，因为任何手术都有发生并发症和意外的可能。整形专家建议学生们在去医院做整形手术之前，首先要对自己的整形动机、整形的预期效果等问题有一个正确认识。

因为一旦手术达不到想象中的那种效果时，有不少人便很难产生认同感，甚至对自己产生认知心理障碍。要知道整容医师并不是魔术师，整形美容手术要基于求美者的先天条件来进行雕琢，对医师抱太大的幻想也是不正确的。良好的心态也是手术成功必不可少的一个环节。

此外，大学生在整形美容方面还存在一些认识偏差。第一，片面地认为修外甚于修内，过分注重外在美。据整形医生介绍有很多女生拿着偶像的照片到整形外科医院希望整容，李嘉欣、张柏芝、蔡依林都是模仿的对象。这是一种心理误区，无论是山寨版的张柏芝，还是山寨版的蔡依林，都注定是山寨的，内涵方面的气质学识和修养都无法模仿的。再说还有可能要承担手术失败的风险或者是手术的各种后遗症。前几年，在一档唱歌节目中小有名气的一个女孩在整形手术中出现意外，在做面部磨骨手术时，由于主刀医生操作不当，致使下颌手术部位出血，血液通过女孩子的喉部进入气管，造成窒息，结果命丧手术台。一个原本已经非常漂亮的 24 岁女孩在一次手术意外中夭折了，多么可怕的手术风险！这样的整容，最终伤害的是自己和家人。还有的女孩可能容貌真的欠佳，需要整容，但是如果内秀不够，即使变漂亮了要想有更好的人生仍然是个问题。有媒体曾报道过天津的一个女孩子因为面容实在太丑了，据说能“吓哭孩子”，她求职上千次，没有一个单位能接收她。她认为自己是貌丑惹的祸，在媒体的帮助下到一家整容医院做了包括眼角、眼睛、鼻子、眉毛等在内的各项整容手术，拥有了一张全新的脸孔。只是变好看之后的她依然很难找到工作——在人才市场，她发现大多数公司都要求员工会电脑，会打字，或者会财会，这些她一样都不会。据说后来有心理硕士帮助她，教授她心理学知识，好让她开个热线帮助他人。这件事让人深思。所以说，美貌可以让人一眼相中，或许可以帮助你有个美好的开端，但日后漫长的职场路却需要自身真正的本领去打拼，任何单位都不会长期供养一只花瓶的。

第二，有的因为攀比整容，有的借钱整容，拖累父母。有媒体做过调查，称68.7%的女大学生表示她们身边有人已经做过整形项目，而且被调查的50名女生中有87.5%准备接受（或者是已经做过）整形项目。从这个层面上可以讲，整形已经像化妆品一样，进入了学生们的生活，尤其是毕业生的生活。这固然没有什么不好，毕竟求职面试丝毫不考虑容貌的单位几乎没有，而且整容绝不只是帮助大学生改变形象，从深层次上说，更是提升他们对未来生活的信心。但是，不少大学生之间悄然形成了“攀比”心理，看到同学已经做过什么手术，不管自己是否合适，也要去做，而且“整得越多越光荣”，这都是不健康的心理。每朵花都有盛开的理由，做最好的自己就好。

另外，随着生活水平的提高，很多家长支持孩子做整容手术，很多孩子在高中毕业进入大学之前做手术，因为想以崭新的面容出现在新同学面前开始新生活。上海一家媒体在整形机构做过调查，前来陪同孩子做手术的家长都很认同孩子的这一选择。“既然生的不够好，就让孩子有自己选择的机会吧!”“面试需要姣好的容貌，这一点我们都理解。”“一次手术，终生受益，比买化妆品还划算!”而手术费用也大多基本上都是家长出钱。但对一些经济条件不好的学生来说，给父母增加负担，甚至借钱整容，是不可取的。深圳信息港曾经爆出过一名大学生谎称生病做手术，向家在农村辛苦种田的父母要了8000元，全部用于整容。其父母最后才知道真相。“住在一个宿舍里，有些学生每个月的生活费还不到500块钱，而有些学生却是每月2000元还不够花。这样直接导致有的女生只能买普通的护肤品，而有的却可以直接定期去高档美容美发店做护理。根据调查发现，美容消费有72%的学生依靠父母，12%的学生依靠贷款，8%的学生使用奖学金，8%的学生通过打工补贴。彩妆产品中睫毛膏和唇彩最受欢迎。睫毛膏的平均拥有率为89%，唇彩的平均拥有率为94%。通常大众化的、价位在100元以下的品牌化妆品如宝姿、雅芳、丁家宜、佳雪等已走进众多女大学生的化妆包，有些家庭条件好的学生甚至选择欧莱雅、兰蔻、雅诗兰黛、资生堂和倩碧等高档品牌。”❶

第三，有的迷信“整容开运”；有的频频变脸。很多大学生相信鼻子、颧骨等和人的命运有很大关系。相信面孔一枝花，全靠鼻当家；相信高耸的颧骨和瘦削的面颊是“苦命”面相。于是找医生隆鼻、削颧骨和填充面颊，当然，挺拔的鼻子、秀气的鼻尖、俏丽的容颜无疑是幸运的，但是需谨记“好运”最终还是要靠自己的才能和勤奋去争取，单靠整容来“开运”，距离成功的人生还有很远的距离。另外，有些大学生认为整容就像穿衣服或化妆，以随便的心态看待正规的医疗手术，比如说，认为“这个鼻子不合适，随时可以换另一个鼻子”，“欧式重睑不太好看，给我换回中式的吧”，今天做个双眼皮、明天不喜欢就变回单眼皮；不管自己的眼睛基础如何，就想要做一双范冰冰式的眼睛……这些错误的想法均是不可取的。这样的不断折腾其实是在伤害自己的身体，并且是不可逆的。

总的来说，爱美是没有错的，但是一定要对整形有深入的了解，要有健康理性的心态，同时也要量力而行！

---

❶ 刘伟．理性与感性的撞击——女大学生美容消费行为特点及心理分析［J］．消费导刊，2009（10）：27.

第5章　大学生死亡教育：一个古老却永恒的话题

有三件事人类都要经历：出生、生活和死亡。他们出生时无知无觉，死到临头，痛不欲生，活着的时候却又怠慢了人生。

——拉布吕耶尔

生命之中包含有死亡的因子。凡有生者必有死，正如有始必有终一样，生与死是人生的两个极点，死亡是每一个生命个体的必然归宿，谁也逃脱不了。正如别尔嘉耶夫在《死亡与永生》中提到的："这个世界上的生命之所以有意义，只是因为有死亡，假如在我们的世界里没有死亡，那么生命就会丧失意义。意义与终点相关。假如没有终点，也就是说在我们的世界上存在着无限的生命，那么在这样的生命中就不会有意义。"

5.1　什么是死亡

在西方，古希腊早期的生命观把灵与肉作出区分，如苏格拉底、柏拉图皆贬低人的肉体而崇尚人的精神与理念，为后世的形神二元论奠定了基础。在死亡观念上基本上也是一脉相承的，认为死亡并非是坏事，死亡只是肉体的消亡，灵魂、精神才是不灭的。死亡可以使灵魂摆脱肉体的束缚而得到升华。晚期的代表人物塞涅卡对死亡有很精辟的见解，他认为死亡是人生的必然，认清死亡可以使人们承受生活的痛苦，对生命的评价不是以生命的长短来度量，而是以人的行为的高尚与否为标准，同时人应该过道德高尚的生活。基督教文化对西方的生命观也有非常深刻的影响，至今依然如此。基督教文化认为，人是按照神的面貌、形态及意志而被创造出来的，因此，人的生与死不是人自身所能掌握的，应该按神的旨意来办。人一出生便带有原罪，所以人的一生是赎罪的过程，是必须受苦难的一生。我国《说文解字》一书对死字的解释为：“死，澌也，人之所离也。‘澌’各书皆释为‘尽’，亦有解释为分、离之意。”据此，死可理解为个人有限生命的结束，而死亡学家 Schaie 则衍其义为：一是潜在的个人身份的结束，即自我失去；二是关系的结束，即与社会中人事物等一切关系的断绝。[1]

从医学生物学的角度而言，人们一提到死亡，便会马上联想到心脏跳动的停止和呼吸的停止。数千年来，人类对死亡的判定便是基于这个标准。1951 年美国布莱克法律词典定义死亡是“血液循环的完全停止，呼吸、脉搏的停止”。我国出版的《辞海》也把心跳、呼吸的停止作为死亡的重要标准。医学上实用的传统死亡标准是能感觉到的跳动的心脏、呼吸、血压最终的不可逆转的中止或消失。只要能觉察到心脏跳动和呼吸，哪怕是借助于机械或电疗，无论是采取何种方式来维持心肌跳动和呼吸都不能被确认为死亡。医学临床上也一直是以心跳停止、呼吸和血压消失以及体温下降作为宣告死亡的依据。这个标准非常直观，它不仅是医院里的标准，也是大众的标准，人们对此深信不疑。这一死亡标准已沿袭了数千年，并以法律的形式给予确定，把心脏功能作为生命最本质的特征和死亡

---

[1] 张艳．安乐死与人的尊严［D］．大连：辽宁师范大学，2009.

唯一不可动摇的判断标准。

但是，这一传统观念现在受到了日益严重的挑战，先进的高效复活技术和人工呼吸机可以使心跳、呼吸停止数小时乃至十余小时的病人重新苏醒，再加上人工营养维持，能使许多病人“起死回生”[1]。1919 年 10 月 27 日，德国护士布劳恩因失恋而服毒自杀，经检查，脉搏和呼吸完全停止，角膜反射消失，因看不出生命活动现象而被诊断为死亡，随即装殓入棺。14 小时后，警察开棺做例行尸体照相，发现尸体喉部微微活动，急送医院进行抢救，结果自杀者复苏。1962 年，前苏联著名物理学家兰道不幸遭遇车祸，4 天后心脏停止跳动，血压降至零，但经医生抢救后心脏又开始跳动。第二周，他的心跳又停止了 3 次，每次抢救都“复活”了。直到 1968 年，他才因用药过量损伤肠道而死亡。这种例子在国内外并不罕见，使得人们对数千年来一直居于绝对地位的死亡标准产生了怀疑。

另外，现代医学研究表明，心肺功能丧失并不代表大脑、肾脏和人体其他主要器官功能的停止，心跳和呼吸的停止并不预示人作为一个整体死亡的必然发生。而且，心肺功能丧失具有医学可逆性，在心脏起搏器、人工呼吸机等先进医疗设备的帮助下，可以进行长时间的人工维持。科学的发展使得心肺死亡已不再构成对人体整体死亡的威胁，过去认为已死或快死的病人，在得到人体器官移植或使用人工心肺机以后得以继续生存，可延长数年甚至数十年的寿命。正是由于心肺复苏和透析等技术的使用，使得不少脑死亡的病人和危重病人的“生命”被延长，从心肺死亡标准来看这些病人的心跳还在继续，是活着的人，但这类病人却永远也不会苏醒，始终处于不可逆的昏迷状态或脑死亡。特别是心脏移植技术的临床应用，表明心脏是可以替换的，它与生命亦非同一，因而不是生命的象征。

---

[1] 郭自力．论器官移植的法律问题［J］．中外法学，1998（5）：100.

如果人体的某个部分注定具有主宰生命的特异素质的话，那么这个器官就是大脑，迄今为止的最高医学成就仍然不能就脑功能丧失的可逆性作出有说服力的预期。这样，死亡判定的医学规则——脑死亡标准也就应运而生。

现代医学认为，代表人体生命的首要生理特征是呼吸功能，而主宰呼吸功能的神经中枢是脑干。脑干是神经中枢至关重要的部位，一旦脑干死亡，一切脑干反射以及呼吸功能全部消失，而脑干功能的丧失必将导致全脑的功能丧失。目前，几乎所有的发达国家和地区都已采用了脑干死亡（脑死亡）作为临床人体死亡的标准。1968 年以贝彻为主席的美国哈佛大学医学院特设委员会提出了人的“不可逆昏迷”即“脑死亡”概念。脑死亡就是某种病理原因或外伤引起脑组织缺氧、缺血、受损或坏死，致使脑组织机能和呼吸中枢机能达到不可逆的消失阶段，最终必然导致的病理死亡。脑死亡概念将取代传统医学所认定的死亡的心搏、呼吸完全停止的死亡概念。同时，委员会还提出了 4 条具有权威性的诊断标准：①对外部刺激和身体的内部需求毫无知觉和完全无反应；②自主运动和自主呼吸消失；③反射，主要是诱导反射消失；④脑电波平直或等电位。凡是符合以上 4 条标准，并在 24 小时内反复检查多次结果一致者，即可宣告其死亡。但是有两个例外：体温过低（低于 32℃）或刚服用过巴比妥类药物等中枢神经系统抑制剂的病例。

脑死亡标准的提出，既是人类对客观世界认识不断深化的结果，也是人类对生命的含义、生命的价值和生命质量认识不断提高的结果。生命的本质特征是具有自我意识。作为生命过程极限状态的死亡就是人的生命本质特征即自我意识不可逆的丧失。一个人的整个脑功能出现不可逆停止时，尽管其还可能有生物学意义上的生命特征——心跳或呼吸，但作为“有意义的人”的存在已经丧失，这种没有意识的人类机体，可以是一个生物学意义上的人，但不是社会的人。今天的医学技术可能使以往必死的人继续维持生命，然而，维持的仅仅是处于无意识状态下的“植物性生命”，这些生命对外界、自身毫无知觉、意识，也无自主活动，其生命完全失去了意义。死亡标准的提出，无疑会改变人们对死亡的习惯认识和对生命含义的重新认识，使人们也注重生命的价值和生命的质量。

我国受传统观念的影响，临床上习惯以“心脏搏动停止”作为死亡的标志，并以这个时刻作为个体的死亡时刻。但近些年随着呼吸和心肺联合移植技术的成熟，彻底动摇了心脏在人类死亡判定中的权威地位。陈忠华先生说：“给孩子讲‘脑死亡＝死亡’，只要一秒钟；给医学生讲‘脑死亡＝死亡’，只要一小时；要全社会明白什么是脑死亡至少要十年；如果对脑死亡持有误解和偏见，时间再长也没用……”❶ 虽然说将脑死亡作为死亡的判断标准在世界上很多国家甚为流行，然而在我国目前的临床医学中，大多仍然习惯采用“心脏搏动停止”作为判断个体是否死亡的标准。但是脑死亡概念已为越来越多的人了解、认识和接受。相信在不久的将来，我国也会确立科学的且能为人们接受的死亡定义和标准，人们能科学地、正确地理解死亡，理智地看待和接受死亡。

5.2　大学生的非正常死亡

5.2.1　非正常死亡

非正常死亡在法医学上指由外部作用导致的死亡，包括火灾、溺水等自然灾难；或工伤、医疗事故、交通事故、自杀、他杀、受伤害等人为事故致死。与之相对的正常死亡，则指由内在的健康原

❶ 陈忠华. 脑死亡——现代死亡学［M］. 北京：科学出版社，2004：序言.

因导致的死亡，例如病死或老死。

非正常死亡的性质可分为自杀、他杀和灾害死。大学生的非正常死亡已经成为严重威胁高校安全的因素，引起社会各界的高度重视。

自杀是目前导致大学生非正常死亡的主要原因之一。大学生由于自身或者外界的原因导致自身认知产生偏差，而由于年龄尚小无法依靠自身的力量促使自己状态的正常恢复，在这种认知偏差的长期影响下，大学生会选择结束自己的生命来解决所遇到的问题。自杀的类型也是多种多样的，从自杀的发展过程来看，可以分为情绪型自杀和理智型自杀。情绪型自杀就是我们所说的冲动性自杀，这种行为的发生往往是由偶然事件引发，导致情绪失控，进而产生突然性的自杀行为；理智型自杀，即自杀者预谋已久的自杀，是个体长期形成的自杀意念，进而有计划、有步骤地实施自杀行为。从自杀的动机来看，可以将自杀分为解脱型、防御型、报复型、求救型、操纵型和变态型等类型。

他杀简言之就是本人意志之外的因素导致的死亡，他杀也称刑杀，例如打架斗殴致死、为财致死、情杀等，诸如此类的他杀都是触犯国家法律的行为，以非法手段结束他人生命，在社会上影响极其恶劣。2004 年云南大学发生的马加爵事件是他杀事件中影响最大、性质最恶劣的典型代表。他杀事件的增多，一定程度上反映出我国高校生命教育的缺失，大学生生命意识淡薄，因此加强生命安全教育刻不容缓。

灾害死是指我们在所处的社会环境中由于社会环境因素或者自然因素而引发的死亡事件。社会环境因素导致的死亡大致包含交通事故、溺水、被高空坠物致死等；自然环境因素导致的死亡包含水灾、冰雹、雪灾、地震等。灾害死在大学生非正常死亡中也占有极高的比例，是潜伏在大学生身边的无形杀手。[1]

5.2.2　大学生非正常死亡情况

大学生是广大青年中的佼佼者，是祖国的未来和希望。但是近年来，大学生非正常死亡事件层出不穷，并且有加剧的趋势，报纸和网络关于大学生非正常死亡事件的报道触目惊心。

南京危机干预中心对部分高校的调查表明，大学生自杀率约为万分之二，比全国平均自杀率高出一倍。2007 年 7 月，中国保监会主办的“首届校园安全与风险管理论坛”公布，全国每年约有 3000 名大学生非正常死亡，因自卑、失恋、受挫等因素而导致的自杀占到了大学生非正常死亡原因的第一位。[2] 2011 年 5 月 12 日的《中国青年报》报道，据北京心理危机研究与干预中心发布的数据显示：在 15—34 岁人群死因中居首位的是自杀。中国每年死于自杀的有 28.7 万人，200 万人自杀未遂，70 万人因家人或亲友自杀而出现长期、严重的心理创伤，16.2 万未成年人因此失去母亲或父亲，这种由自杀而导致的严重的心理影响会持续 10 余年，有的甚至可能会影响到他们整个后半生。

近年来媒体对大学生自杀的报道相当多，有学者对此进行的不完全统计表明：2001 年至 2005 年，各地共报道 281 名大学生自杀事件，其中 209 人死亡，72 人存活，自杀死亡率为 74.4%。2005 年，媒体报道的中国内地大学生自杀事件 116 起，分布在全国 23 个省份近 100 所高校（明确校名的高校有 50 所），其中 83 人死亡，33 人存活。2007 年 10 月 8 日，《中国教育报》的报道指出：我国 2002 年大

---

[1] 宋绍龙. 当代大学生非正常死亡事后危机干预研究［D］. 太原：太原科技大学，2012：10.

[2] 姜微微. 高校非正常死亡现象引发的大学生生命教育思考［J］. 长春教育学院学报，2011，21（1）：92－93.

学生自杀案为27起，2004年为68起，2005年为116起，2006年上升到130起。2008年是大学生自杀事件高发年，教育部直属高校共发生63起大学生自杀事件，分布于13个省38所高校，其中北京、上海各有23例，上海有19人死亡。广东2008年26名大学生自杀身亡，另有5人自杀未遂。2009年，大学生自杀趋势有增无减，仅上半年，北京就有14名大学生自杀身亡，广东一高校2月份接连发生3宗跳楼自杀事件，3月到4月湖北多所高校也连发5宗，死者包括博士、硕士、本科生及专科生。上海市教委发布的《2009年上海高校大学生安全情况通报》指出：2009年上海有20名大学生因自杀或突发疾病等原因非正常死亡，占上海高校安全事故死亡人数的80%以上，自杀在校园意外死亡中居首位。据雅虎公益网统计，2010年全国各地高校共发生大学生自杀事件近40起。[1]

除了自杀，他杀是大学生非正常死亡的另一种现象。据全国高校保卫学会对13个省、自治区、直辖市的76所高校调查，1999年至2011年，高校校园内发生的各类案件9278宗（不包括自行车被盗案），非正常死亡164人。其中北京、南京、武汉、重庆4个地区的院校被歹徒杀害的教授、学生有16人。例如：2004年因为琐事杀害4名同学的马加爵案在社会上产生巨大影响；2005年5月江西医学院学生薛荣华持刀在一小时内连刺7人，造成2人死亡、5人重伤；云南丽江女大学生张超伙同男友抢劫杀人；2008年10月中国政法大学昌平校区内，23岁的男生付成励手持菜刀向正准备上课的教师程春明的脖子砍去，当场将其砍倒，后经抢救无效死亡，引起全社会的震惊；2009年11月14日凌晨3时，吉林农业大学学生郭力维用事先准备好的尖刀扎同学数刀后报警，经120急救人员诊断确

[1] 余虹，等．大学生自杀问题研究综述［J］．山东青年政治学院学报，2011（6）：56.

认对方已死亡，问起原因，竟是死者用手机录下了郭力维打呼噜的声音传到了网上；2011年4月1日，在上海浦东国际机场到达大厅，赴日留学5年的23岁青年汪某对前来接机的母亲顾某连刺9刀，致其当场昏迷。对于行凶原因，汪某称，是因为母亲表示不会给他钱；药家鑫，西安音乐学院大三的学生，于2010年10月20日深夜，驾车撞人后又将伤者刺了八刀致其死亡，逃逸时被附近群众抓获，2011年4月22日在西安市中级人民法院一审宣判，被告人药家鑫犯故意杀人罪，被判处死刑，剥夺政治权利终身。2013年4月，复旦大学研究生黄洋因舍友林森浩投毒死亡，年仅28岁。中新网2014年2月18日根据中央电视台新闻中心官方微博“央视新闻”消息，上海市第二中级人民法院对“复旦投毒案”依法公开一审宣判，被告人林森浩犯故意杀人罪被判死刑，剥夺政治权利终身。此前1994年清华大学、1997年北京大学、2007年中国矿业大学都曾发生铊盐投毒案。在这些案件中那一颗颗漠视生命的心，一颗颗扭曲的心灵，震惊社会。

当前，大学生犯罪率不断上升的趋势也是导致大学生非正常死亡的一个因素。北京市海淀区人民法院刑二庭副庭长、知名青少年法律工作者尚秀云2008年9月在北京透露，从1987年至今，共有超过6000名在校大学生在海淀区人民法院被判刑。从最开始的一年一两名大学生，到这几年的80个、90个，甚至100多个，这些年大学生犯罪呈现螺旋式上升的态势。根据北京大学康树华教授的调查，1965年青少年犯罪在整个社会刑事犯罪中约占33%，其中大学生犯罪约占1%。“文革”期间，青少年犯罪开始增多，占到了整个刑事犯罪的60%，其中大学生犯罪占2.5%；而近几年，青少年犯罪占到了社会刑事犯罪的70%—80%，其中大学生犯罪约为17%。在20世纪80年代末和90年代中期，大学生犯罪人数有明显增加。据调查，大学生犯罪案件数量及犯罪人数自1995年起，开始上升。2001

年比 1995 年增加了 54.5%，2002 年较之 2001 年又增加了 97.1%。近几年更是飞速上升。[1]

另外，灾害等意外事故也造成了大学生的非正常死亡。据《北京晚报》报道，学生意外事故中 45% 是因为学生安全意识淡薄引起的，18% 的事故是因为学校管理问题而发生的，由此可见，加强高校安全教育、培养大学生安全意识和完善校园管理是预防大学生意外死亡的根本之道。[2] 江西师范大学肖瑞兰认为：大学生因为缺乏生存的基本常识、求生和自我救助技巧导致了许多令人遗憾和痛心的事件的发生，其实除了不可预见的自然灾害和人力不可抗拒的重大事故外，有些大学生的非正常死亡本来是可以通过预防措施和应急处理避免的。2002 年广东省青少年学生非正常死亡人数达 840 之多，"头号杀手"是校外溺水，交通事故次之。某大学女生在进行实验时，不慎将正在燃烧的酒精灯打翻，酒精溅满了衣服，顿时全身起火。在场的同学竟异口同声地呼叫："快跑！快跑！"结果火越烧越旺。后来还是一位有经验的老师命令身上着火的女同学"打滚"，然后在同学的帮助下，才将火窒灭。可是，由于前面的"快跑"，她的身体烧伤仍然不轻。如果在场的同学都接受过系统的生存教育，那么这个悲剧是完全可以避免的。上海商学院在 2008 年 11 月发生火灾后对 200 个在校大学生进行了相关调查，调查显示有 40% 的人明确表示不会使用灭火器，有 50% 的人表示可能会使用，但从未使用过，只有 10% 的学生认为自己可以正确使用灭火器。在调查问到"发生火灾后是否想过自己救火"，15% 人表示会去救火，30% 的人说不会，55% 的人表示"不好说"，原因是"不知道救火要注意哪

---

[1] 陈奕杉．浅析当代大学犯罪现象——以中国高校教育模式为视角［EB/OL］．http：//court. gmw. cn/html/article/201208/29/102260. shtml.

[2] 傅洋．近 2 万名学生去年非正常死亡校方赔付近 1 亿［N］．北京晚报，2007－07－05.

些问题，怕自己救火反而受伤”。有人调查过唐山地震幸存者中的974人，发现其中258人采取了避险措施。这258人中有188人成功脱险，占72.9%。说明只要避险方法正确，脱险的可能性是很大的。前几年广东省汕头市某酒店发生火灾，浓烟滚滚之际，许多人开门逃生，窗口跳楼者或死或伤，共造成31人死亡、16人受伤（其中3人重伤），而顶楼一房间的两个大学生用湿毛巾塞住门缝，从窗口挥舞床单求援，最终获救，原来这两个大学生曾经接受过如何逃生自救这方面的教育。事实证明，当灾难来临时，是否受过基本生存知识与技能的教育，会带来截然不同的结果。

当然高校学生的非正常死亡事件不仅在国内发生很多例，国外也有触目惊心的数据。据美国《洛杉矶时报》统计，目前美国每年自杀的大学生人数达1300余人，自杀成为大学生非正常死亡中仅次于意外死亡的第二大因素。美国每一万名研究生中，自杀者高达7.5人，而老牌、名牌大学的比例还要高出1至2倍。日本是目前世界上自杀率最高的国家之一，近十年来，日本平均每20分钟就有一个人自杀身亡。而且由于人寿保险、人身保险、死者及其家属名誉等原因，大量的自杀数据统计无法备案。据日本文部省统计，日本20—24岁的女青年自杀率相当于美国同类型的6倍多。[1]可见，如何减少大学生的非正常死亡是一个世界性的难题。

5.2.3　大学生非正常死亡的原因

第一，精神障碍。当前我国大学生基本上是80后和“90后”，且绝大多数是独生子女，他们在家庭中受到特别的关爱甚至溺爱。这种溺爱造成了部分进入大学学习的大学生不具备独立的学习和生

---

[1] 师艳荣．战后日本人自杀行为分析［J］．东北亚论坛，2009，9，1（5）：7－103.

活能力，一部分大学生甚至根本不能脱离父母而独立生活，存在一定程度的心理缺陷，在挫折和困难面前不能正确地对待，一遇到困难和挫折就容易出现过激行为；学习、就业等激烈的社会竞争将压力转移到了在校大学生的身上。为了在上学期间争取更好的发展机会，同学之间的明争暗斗并不比社会单纯多少。所有的这些情绪结合在一起一旦被点爆就有可能做出伤害别人或者是伤害自己的事情。马加爵的杀人动机仅仅是因为打牌等琐事而引发，其实背后的动因是其自身因贫困、社交障碍和学业压力等引发的严重心理问题。四川某大学公共管理学院学生曾世杰，在校内明远湖边用刀将一名女生杀死，另外还刺伤了两名男生。其杀人的动机仅仅是因为有人嫌他长得丑，他受不了别人的歧视。国内外研究表明：年轻人自杀的最主要原因是未被治疗的精神疾病（例如抑郁、双向情感障碍和精神分裂）。由于精神疾病原因所致的自杀约占全部自杀的 30%—50%[1]。在各种精神障碍疾病中，抑郁症的自杀率最高。除抑郁症之外，精神分裂症所引起的自杀危险度也相对较高，他们主要是受幻觉、妄想等症状的支配而自杀。马喜亭[2]将 2003—2010 年期间发生的、经媒体公开报道的 200 例大学生非正常死亡进行了研究，结果表明在 200 例非正常死亡案例中，有 41 例是抑郁症引发的，占总数的 22. 5% 。

第二，学业压力。学习是大学生活的主旋律。但是有的学生进入大学后或沉迷于网络、或热衷于恋爱而荒废了学业；有的学生因为对专业不感兴趣也荒废了学业。总之学业的失败导致学生信心丧失，感觉无法面对自己最亲近的人。2010 年 3 月，西安某高校一男

---

[1] 翟书涛．选择死亡——自杀现象及自杀心理透视［M］．北京：北京出版社，2001：17.

[2] 马喜亭．大学生非正常死亡与干预策略研究［J］．中国青年政治学院学报，2012（1）：52－53.

生因两度拿不到毕业证，遂服药自杀。2010 年 3 月 28 日，南京林业大学一黄姓女生在宿舍内上吊身亡，其死因与考研压力有关。2010 年4 月 5 日，北京科技大学一个大三女生从本校逸夫楼的九层跳下，结束了自己 21 岁的生命。学校教务档案显示：截止到大三当年，这名女生还有 60 多个学分没有修。大三时，她有 11 门功课不及格（缺考两门）。在马喜亭所做的 200 例大学生非正常死亡案例中，有 31 例是因学业压力所致，占非正常死亡总人数的 15. 5%。学生学业压力增加，一是来自高校对大学生的课程要求，有的学生确实难以跟上专业课程的要求。另外高校对研究生的毕业论文等也有严格规定，如需发表一定数量和级别的论文才能获得毕业答辩资格等，使个别学生对毕业论文产生严重的焦虑和恐惧；二是因为学习基础较差、方法不妥、努力不够等因素，学生在学习中累积的挂科门数可能会增加等，这可能成为学生新的学业压力来源，怕补考、担心留级、怕退学，终日忐忑不安，抑郁心理由此产生，最终有可能导致心理承受能力差的学生非正常死亡。

第三，情感挫折。大学生正值爱意萌发期，对异性都有着强烈的兴趣，渴望把友谊提升到爱情。同时他们又处在情感变化不稳定的年龄段，敏感而丰富，对爱情有美好的憧憬和执著的追求，但是不够成熟和宽容。一旦爱情出现瑕疵，大学生不能理性地控制自己的情绪，由爱生恨，加上年轻气盛，不理智的行为可能酿成大祸，或者自杀或者伤及他人性命。由于情感问题导致的自杀、他杀，已占到大学生非正常死亡的很大比例。据《北京晚报》报道，2009 年 4 月 14 日傍晚 6 时许，北京某著名高校一男一女两名学生，先后从一个宿舍楼的 13 层坠楼身亡。有目击者反映，该男生先把女生推下楼后自己才跳了下去。另据同学透露，这两人为恋人关系，在一起已经有两年时间，近期女生曾提出过分手，男生不同意。两人之间曾发生过多次争吵，事发前在女方宿舍楼内也发生过激烈争吵，最后惨烈结束。2012 年 12 月 5 日晚，三峡大学校内发生一幕惨剧，一名 2012 级女生佘某在沁苑运动场被割喉当场身亡。随后一名校外男子也跳楼自杀。据警方消息，行凶者是死者的高中同学，在体育场处使用凶器，致使死者颈部受伤，当场不治身亡；随后，凶手跑到数百米外的一栋宿舍楼六楼，跳楼自杀。如此惨剧，让人痛彻心扉！在马喜亭研究的 200 例大学生非正常死亡案例中，有 30 例是因情感挫折或处理不当引起死亡，占非正常死亡总数的 15%。健康 863 心理网报道，济南一高校一个月 4 人自杀，恋爱挫折成最大诱因。有关调查还表明，43.1% 的大学生认为最令大学生感到困扰的是“恋爱受挫”。[1]

第四，就业压力。我国自 1977 年恢复高考以来，直到 1990 年代初期，高等教育在计划经济体制下实行的是“统招统分”制度，在此期间，大学生只要能够顺利毕业，政府就给安排一个相应的就业岗位。自 20 世纪 90 年代中期尤其是高校“扩招”以来，大学生就业形势日益严峻。1998 年，中国普通高校本专科招生 108.36 万人，高等教育毛入学率为 9.8%；2010 年，中国高等教育毛入学率为 26.5%，普通高校本专科招生 661.76 万人，招生人数是 1998 年的 6 倍多。一方面是扩招带来的影响，另一方面是科学技术的发展，以及当前世界经济的整体不景气挤压了大学生的就业空间，这给大学生带来了巨大的生存压力，尤其是来自偏远地区、贫困家庭的孩子，本来指望学业有成时即能扛起养家糊口的重任，可是现实让人失望。2010 年 3 月 22 日，北京邮电大学 2009 级博士研究生吴某从该校本部主楼 13 层楼上纵身跳下，结束了他年轻的生命。吴博士的遗书道出了自杀的缘由：“这个世界是一沟绝望的死水，我在这里再

---

[1] 柴志明，等. 大学生生命教育论 [M]. 北京：中国广播电视出版社，2010：324.

怎么折腾也激不起半点涟漪。所有的奋斗都面临着举步维艰。”他多么希望年迈的母亲“不用再为了我去捡垃圾、拾破烂，不用再去给人家工地上做饭赚钱瞧人家白眼……”可是，毕业后的窘境使他不能回报含辛茹苦的母亲，在强烈的自责意识驱使下，他选择了以死谢罪。❶

第五，意外事故。由于经济社会的发展，大学生的生活轨迹不再局限于校园，他们与校外世界有着日益增多的交集，遭遇意外的可能性也就随之增加，比如交通意外等。2006 年暑假，北京交通大学 2004 级学生高富浪与另外 18 名大学生到甘肃省甘南若尔盖湿地进行环境考察。7 月 28 日，两名队员和一名导游在黄河中游泳，女大学生小徐被困河心岛上。21 岁的高富浪携带着由 10 多个空塑料瓶组成的“救生圈”营救小徐，返回途中被黄河水卷走。另外由于不少高校对大学生安全教育不够重视，很多大学生在入校后没能接受系统的安全知识培训，在遭遇突发性事件、灾害性事故时缺乏应急、应变能力及避免人身安全受到侵害的安全防范能力。正因为缺乏这方面的能力，一旦真正面对突发性事件、灾害性事故，很多大学生往往束手无策，从而错失最佳避险机会，造成不可挽回的后果。

最后，家庭矛盾也是导致大学生非正常死亡的一个重要原因。家庭是人生旅途的第一站，是人生的第一课堂，是大学生心理信赖与休息的港湾。父母是每个人人生中的第一位老师，也是与每个人直接接触和交流最多的人。家庭教育和家庭结构的完善程度以及家庭成员之间的关系，对大学生的生活有重大的影响。家庭关系不和谐，个人内心缺乏安全感，家庭对孩子提出过分的期望等是导致非正常死亡的重要原因之一。在马喜亭研究的 200 例大学生非正常死亡案例中，有 13 例是因家庭矛盾所致，占非正常死亡数的 6.5%，由此可见大学生自杀现象与家庭状况也有着比较紧密的关系。

---

❶ 吴舸．大学生生命教育［J］．重庆大学学报，2013（3）：180.

5.3 正视死亡，积极干预

5.3.1 正视死亡

死亡的降临是不可避免的。“如同无法选择生一样，我们同样无法抗拒死，只能拥有两者之间短短的一段时光，时间匆匆流逝，从我们出生起，死亡就已经在终点等着我们。”❶ 海德格尔曾说过，只有向死而生、向死而存在，才是人类本真的存在。❷ 在他来看，死亡并不是外在于生存之外的，而是存在于生存之中的。对于生命个体来说要有适度的死亡意识。美国当代著名悲伤与治疗学家爱娃·萧（EvaShaw）女士也认为，死亡虽然威胁着我们的存在，但却能激发我们对生命深层次的理解，帮助我们质问生命的特定本质与意义。❸ 适度的死亡意识可以促使人们反思生活和生命的意义。别尔嘉耶夫指出：“只有死亡的事实才能深刻地提出生命的意义问题。这个世界上的生命之所以有意义，只是因为有死亡，假如在我们的世界里没有死亡，那么生命就会丧失意义。”❹ 人总是在面对或想象垂危的生命或已逝的生命时，某种道德情感或行为才会被情不自禁地唤醒。人如果具有了适度的死亡意识就容易激发对自我和他我生命包括人的“类”生命的不忍之情、珍惜之情、敬畏感和宽容之心。20 世纪存在主义的代表人物雅士培认为人应该面对死亡，抓紧“当下存在”，并以历史使命感超越“存在”，才能真诚地活出生命意义。

---

❶ 郑晓江．生命教育讲演录［M］．南昌：江西人民出版社，2008：1.

❷ 海德格尔．存在与时间［M］．陈嘉映，王庆节，译．北京：生活·读书·新知三联书店，2005：120.

❸ EVA SHAW. What to do when a loved one dies［M］. Writeriffic Publishing Group，2005.

❹ 别尔嘉耶夫．论人的使命［M］．张百春，译．上海：学林出版社，2000：330.

美国早在20世纪50年代就已经认识到了死亡教育的重要性；60年代即已在高校有系统、有计划地推广死亡教育；到了70年代末，美国的中等学校和高等院校基本普及死亡教育。1977年，第一种死亡教育专业期刊《死亡教育》也于美国创刊，该刊物直面生命的死亡教育、情绪教育与挫折教育，把死亡教育作为生命教育的重要内容。自1960年开始，死亡教育逐渐成为美国学校教育中的一门学科，成为大众化、普及化的教育，主要探讨“死亡的本质”“濒死、丧恸的主题和现象”，从生命的终极价值谈到神赐予人的“爱”，是一种从死论生的教学概念。其目的便是希望通过死亡教育让孩子树立正确的生死观念，降低无谓的恐惧，妥善地应对生活中的死亡等不幸事件，进而珍惜生命、保护生命，超越死亡，追求生命的意义与价值。20世纪70年代中后期，西方其他国家也开始关注死亡教育。如西德实施了“为死所做的准备教育”，并出版了教科书。同时，德国学者阿鲁丰斯·德肯也开始在日本倡导“为死所做的准备教育”。1982年，上智大学举行了日本第一次“思考生与死讨论会”，与会者众多；1986年，《为死所做的准备教育》出版，这在当时忌讳谈论“死亡”的日本是第一部研究生死的专著；此后，德肯致力于将“为死所做的准备教育”推向普及，并于1999年成立了“为死所做的准备教育研究会”。经过近三十年的努力，这些组织不仅积极推广生命教育的理念，还制作了一系列“生死教育”的教材与录像带，为中学开展“为死所做的准备教育”提供参考。

但是，直到现在，我国对死亡及死亡教育仍然缺乏足够关注。1989年，武汉大学开设《死亡哲学》，这是我国第一次开展关于“死亡”的教育；其后，南昌大学于1994年开设了《中国死亡哲学》，1997年又开设了《生死哲学》，这些授课教师后来都将讲义结集出版。近年来，很多医学类的高校开设了与生命教育相关的课程，但是其他高校很少开设此类课程，即使有也只是作为公共选修课供学生选择，覆盖面非常有限。所以说对大学生进行生命教育任重道远。恩格斯在《自然辩证法》里提到“生就意味着死”，黑格尔在《哲学全书》中也提到“生命本身即具有死亡的种子”。换句话说，死亡也是自然生命的终结。但是，由于观念上的束缚，对待死亡这一话题，大部分大学生未能进行深入思考及探讨。2010 年在对武汉两所高校大学生的调查中，只有 56.1% 的学生表示能深入讨论生死问题，但有 3.5% 的学生表示完全禁忌此话题。❶ 在调查中，当被问到“人有否自由选择结束生命的权力”时，有 10.3% 的同学竟然表示“有”，并认为“自由选择死亡和珍惜生命一样，都是为了生命的尊严”。同时，在问到对于自杀的态度时，56.2% 的同学表示“是愚蠢的，是不负责任的行为”，但有 32.6% 的同学却表示“理解这种行为”，更有 2.2% 的同学表示“或许会做”。对生命意识淡薄和对生命责任的曲解的情况，反映了在一部分学生中出现了生命“无责任化”或“责任意识模糊”的倾向。❷ 这种状况反映了对大学生进行生与死的教育的紧迫性和重要性。人的生命是唯一的，是独特的，生命的丧失是无可挽回也是无法弥补的，功利主义鼓励个体自我牺牲的价值导向或许适用于处理利益关系，但绝不适用于人们对个体生命的态度。对待个体生命，我们应该谨记每个有理性的东西都须服从这样的规律，不论是谁在任何时候都不应把自己和他人仅仅当作工具，而应该永远看作自身就是目的。每个大学生都应该好好珍惜生命，活出属于自己的精彩。

---

❶ 李丹，等．对当前大学生生命观教育的调查与分析［J］．武汉纺织大学学报，2011（1）．

❷ 李丹．当前大学生生命观教育研究［D］．武汉：武汉工程大学，2012：32.

5.3.2 让挫折教育渗透高等教育

挫折是指人们在有目的的活动中，因行为遇到无法克服或自以为无法克服的障碍或干扰，使其需要或动机不能得到满足而产生的一种恐惧、紧张、抑郁和沮丧的消极情绪状态与情绪反应。这种情绪反应不仅在人的需要得不到满足时会有，在人实施行为的过程中也会产生。挫折对人的影响具有双重效应，有的人面对挫折不屈不挠，以积极的态度直面人生；有的人面对挫折意志消沉，从而不思进取，甚至有过激的、危害他人或社会的行为发生。

近年来，针对高等教育中出现的问题，中共中央、国务院和教育部相继出台了有关加强大学生挫折教育的重要文件。1998 年教育部在《关于进一步加强和改进高校德育工作的若干意见》中明确要求，“要通过多种方式对大学生进行心理健康教育和指导，帮助学生提高心理素质，健全人格，增强承受挫折和适应环境的能力”。2001 年教育部颁布了《关于加强普通高等学校大学生心理健康教育工作的意见》，明确指出，“各普通高等学校要切实加强大学生心理健康教育，培养他们的挫折承受力”。2004 年中共中央、国务院在《关于进一步加强和改进大学生思想政治教育的意见》中明确提出，“要根据大学生的身心发展特点和教育规律，注重培养大学生良好的心理品质和自尊、自爱、自律、自强的优良品格，增强大学生克服困难、经受考验、承受挫折的能力”。上述文件的出台，为各高校开展大学生挫折教育提供了有力的政策支持，同时也表明大学生挫折教育的重要性和紧迫性。

梁启超曾说：“盖人生历程，大抵逆境居十六七，顺境亦居十三四，而逆境又常相间以迭乘。”从生命全程发展的角度来看，人生之挫折不可避免，而大学时代又是个“多事之秋”，心理学家贺林渥斯形象地称大学时代为“心理断乳期”“危机期”“矛盾期”，意即大学生脱离父母的监护而独立成长的时期。多元化的社会背景、优越的物质生活和独特的家庭环境造成了“90后”大学生群体易受挫、抗挫折能力较差的特点。大学阶段是人生发展的重要时期，是世界观、人生观、价值观形成的关键时期。他们心理成熟程度一般落后于生理成熟程度，认识能力落后于活动能力，并且长期“陷”在应试教育的学生，心理发展相对滞后，承受能力不足，遇事不知如何处理，就很容易走向极端。所以在这个时期大学生面临学习、经济、情感、人际和就业等方面的压力和困惑时，常常体验到挫折。据中国心理学会进行的一次抽样调查表明，约有四分之一的大学生心理承受力较差，经不起挫折，稍遇挫折就意志消沉、萎靡不振，严重者精神失常、行凶杀人或自我毁灭。

在校大学生容易产生心理承受力差现象的原因主要有：第一，生理发育成熟加剧心理的急剧变化。随着各项生理机能成熟，心理发展与生理发育的节奏不同步，使得缺乏社会阅历和生活经验的大学生难以应对突如其来的问题，陷于焦虑状态。第二，成人意识感的增强引发了心理的闭锁性。一方面造成了他们与师长间的距离感，另一方面他们又渴望得到理解和帮助。第三，学校和家庭不当的教育方式造成心理障碍。如学习就业压力和师长过高的期望值，使大学生承受超负荷的心理负担，溺爱型的教育方式使得独生子女原本脆弱的心理变得更加弱不禁风、不堪一击。因此，切实加强挫折教育能满足大学生心理健康成长的内在需要。[1] 其实人生从来不是一帆风顺的，挫折对任何人而言都是不可避免的。华特士说：“很多人学会了希望落空时隐藏他们的沮丧，但是学会完全摒弃沮丧的人并不多。隐藏沮丧比撒泼要成熟那么一丁点儿，但还未达到成熟。”西方

[1] 张骞．当代大学生挫折教育及对策探析［J］．思想理论教育导刊，2009（10）：102.

教育和心理卫生专家几乎公认，对挫折的良好心态是从童年和青少年时不断受挫和解决困难中学来的。

在解决因为耐挫力差而引起大学生非正常死亡的问题上，高等学校可以做很多事情。比如建设大学生心理咨询与辅导员队伍，高校已经有了很好的开始，但是还远远不够。在香港地区，每1000名学生就有1名专职心理辅导老师，而内地，每5000名学生才有1名心理辅导老师。显然，我们在这方面的工作存在很大的差距。在心理健康咨询机构的建设方面，据统计仅有38%的高校设置了专门的心理咨询机构。在这种情况下，心理咨询机构的工作量太大，大学生日常心理咨询活动很难得到贯彻实施。据北京大学心理学研究中心对全国100所大学的调查数据表明，将近有90.7%的学生都期望能从心理学课程教学中获取基本的心理卫生知识和心理调适技能，心理学课程教学在学生中的影响与作用由此可见一斑。依据大学生挫折教育的系统性和经常性原则，高校应充分发挥教学资源优势，开设大学生挫折心理课程，把大学生挫折教育融入到大学教学计划中，贯穿大学生活始终。通过大学生挫折心理课程向大学生普及挫折心理、挫折教育等方面的知识，并教会学生基本的心理调试技能，增强学生战胜挫折的能力，维护大学生的心理健康。挫折教育的目的就是引导大学生认识人生布满了荆棘，挫折是生命的一部分，只有战胜挫折才能走向真正的欢乐；培养大学生面对挫折的恢复能力，较好地解决问题的能力，从多方面获得幸福的能力，使大学生在现实生活中具有独立生存的能力。

同时，社会及政府通过制定相关政策，营造有利于大学生发挥其主观能动性、培养其创造性思维的良好环境，由此起到消除大学生挫折感的作用。高校应进一步优化专业设置，加强课程建设，为大学生的全面发展创造良好条件。其次学校要把挫折教育融入正常的教学活动之中。教学活动是高校对大学生进行智育的最重要途径，也是进行挫折教育的主渠道，对学生进行挫折教育、意志品质情感教育已经成为一种应然的诉求。再次要建设良好的校园人文环境。高校应尽可能地通过建设校园文化、营造浓厚的学术氛围、丰富充实图书资源、提供优良的人性化服务等，消除可能致使大学生产生挫折感的因素。最后重视家庭在挫折教育中的作用。改变父母溺爱型和专制型的教养方式，营造一种相互尊重、彼此理解、平等民主的家庭氛围，让家庭在挫折教育中真正起到助推作用。总之，只有在全社会的共同努力下，营造和谐、文明、健康、进步的社会环境，才有利于大学生身心健康发展，有利于其茁壮成长。

5.3.3 让幸福教育贯穿高等教育

幸福是每个人的生命诉求。费尔巴哈曾指出："生活和幸福原来就是一个东西。一切的追求，至少一切健全的追求都是对于幸福的追求。"❶ 引导大学生正确认识死亡，其间对大学生的幸福教育不能缺席。人生的意义，在世俗层次上即幸福，在社会层次上即道德，在超越层次上即信仰，皆取决于对生命的态度。因此，热爱生命是幸福之源。那么，怎样才是热爱生命呢？周国平认为除了要善待我们的生命之外，更主要的是要让生命的价值得以实现。要使生命的价值得到实现，就必须树立自己的价值目标，在正确理解生命和死亡的基础上，善待生命、享受生命，培育一颗饱含热情、感受生命、充满生机的心灵。总之，人生的幸福需要以合理、健康的生死观为基础。❷ 当前在大学教学计划和教科书中，重视和强调对学生进行各种知识的传授，但是却忽略了对学生进行幸福的教育。不少高校把

---

❶ 费尔巴哈．费尔巴哈哲学著作选［M］．北京：商务印书馆，1984：543.

❷ 周国平．人文讲演录之论幸福［M］．上海：上海文艺出版社，2006：8.

培养大学生当作推动社会发展的手段，将高等教育降格到只以训练人掌握生产技能、生产技术为求职做准备的层次，显然，这样的教育是有问题的。

现在的大学生以“90后”为主，他们大部分是独生子女，在家人的宠溺中长大，犹如温室里的花朵娇嫩而经不起风吹雨打。同时他们又处在市场经济的浪潮中，社会价值观多元，利益主体多元，他们在学业、就业以及情感方面颇多迷茫，以致问题丛生，有的甚至走上不归路。他们大部分处于衣食无忧的生活环境中，然而许多人却不能很好地感知自己所处的幸福情境，或者说他们缺乏感知幸福的能力。甚至一些大学生因为自己所处的幸福情境，反而产生沉重感、负担感。言行中流露出来更多的是烦闷、苦恼、无聊、没劲，“郁闷”成了很多大学生的口头禅。这是由于大学生缺乏对幸福的正确认识，没有理解幸福的真正涵义，对幸福的理解存在一定偏差。他们或把物质上的享受作为幸福，或把工作上的轻松舒适作为幸福，或把无所事事、无任何压力作为幸福，却很少有人把对生命价值的追求作为幸福，把心灵的宁静、体味作为幸福。他们的幸福观大多建立在物质和感官享受上，缺乏大学生应有的精神高度。

幸福感的形成离不开积极的生命情感，消极的生命情感意味着对生命的否定和沉沦。真正的教育是对个体生命的肯定、激励，要帮助学生激发对生命的热爱和积极进取的心态，为他们提供自由发展的空间。也就是说，我们要激发学生的内在因素，不断地优化学生的情绪，强化其内心积极向上的动机，造就学生良好的“情商”，使学生在现实的学习生活中获得幸福，领悟生活和幸福的真正涵义。有人通过调查研究提出要从自我意识、学校学习、人际交往和恋爱

等方面加强大学生培养积极的生命情感，提高情商，提升幸福感。❶

自我意识是影响大学生幸福感的首要因素。积极的自我认识和评价给大学生带来幸福感，自卑的自我认知给大学生带来的是负面感受。幸福感是一种主观体验，自我意识是幸福感这棵大树的主干。客观的因素往往是通过主观加工而起作用的。人格因素会影响一个人的自我意识，导致人们对相同的事件产生不同的评价机制，从而进一步导致幸福感的差异。除了自我意识，学习是影响大学生幸福感的第二大因素。大学的主要任务是学习，学习成绩的好坏，往往关系到能否毕业，能否被评为优秀学生和学生干部，能否得到教师的赏识，能否得到家长的鼎力支持，进而影响学生的自我评价。学习成绩差的学生感受到各方面的压力，幸福感自然减少。因此，在大学生群体中，学习对他们的幸福感有很大的影响。人际交往是大学生社会化的主要途径。当前大学生已深知人际交往的重要性。良好的人际关系可以使人得到更多的社会支持，从而保持良好的心态。如果人际关系出现问题，对于远离家人、又缺乏朋友的大学生来说是一件非常糟糕的事情，孤独、烦躁、抑郁的情绪会接踵而至，如果没有及时的梳理和适当的释放，很容易导致心理问题的出现。恋爱对于正处于青春期的大学生来说有着强烈的诱惑。恋爱的美好是大学生幸福的重要源泉；而一旦恋爱出现问题，也是大学生郁闷纠结和痛苦的重要原因，有的大学生甚至因此放弃生命或者是伤害他人的生命，造成不可逆的痛苦。

针对上述四个因素，高校应该在生涯规划、确立目标、恋爱心理、人际关系心理等方面多关注大学生，以帮助他们了解和把握自身发展的规律，改善自我认识方式，从而使其健康快乐地度过大学

---

❶ 李焰，等．大学生幸福感及其影响因素的研究［J］．清华大学教育研究，2005（S1）：173－174.

阶段。帮助大学生理解幸福的含义，使他们具有创造幸福的能力，具备珍惜幸福的品质，从而不仅为大学生个人开启幸福之门，而且能使他们更好地造福社会。

附：安全生活，远离死亡

面对各种灾害的正确做法：

地震：应及时寻找有支撑物的地方躲避，等摇晃停止后再出门，撤离时应走楼梯，不要乘坐电梯。

车辆着火：车辆一旦着火要及时报警，告知自己所处的位置和车辆起火部位、车上有无人员伤亡及货物等情况。随后，要充分利用随车灭火器材积极自救，没有灭火器材或者灭火器材数量不够的，可以用衣服、棉被等物灭火。

地铁故障：地铁发生安全问题后，要注意听地铁人工广播，了解故障原因和排除时间，并听从工作人员统一指挥和引导，沿着规定方向疏散。这时，最好用湿的衣服、毛巾、口罩等织物蒙鼻，逆风而行，不要深呼吸。在有浓烟的情况下，应降低身姿蛇行，视线不清时，可手摸墙壁徐徐撤离。

乘船落水：一旦出现游船下沉，不可盲目乱窜，否则会加快船体下沉。此时应迅速穿上救生衣，发出求救信号，除非别无他法，否则不要弃船。一旦弃船，应迎着风向，双臂交叠在胸前，压住救生衣，双手捂住口鼻跳水，跳水的正确位置是船尾，并尽可能跳得远一些。落水者要脱掉沉重的鞋子，扔掉口袋里的东西。

高楼失火：应利用楼梯逃生。不可钻床底、衣柜、阁楼。不可盲目跳楼。身居楼层较高时，可用房间内的床单、窗帘等织物撕成能负重的布条连成绳索，系在窗户或阳台的构件上向无火层逃离。当所有通道被切断时，最佳的避难场所是卫生间，进入卫生间后应将门窗关紧，缝隙堵严，拧开所有的水龙头放水，特别是浴缸中应不断放水，始终保持较高的水位。这一方面便于取水泼浇门窗降温，另一方面当火势发展到卫生间时，人还可以躺在浴缸中暂时躲避一下。

食物中毒：应立即停止食用有毒食物，马上向急救中心120呼救，随后用手指、筷子等刺激舌根部催吐，大量饮用温开水或稀盐水，减少毒素的吸收。送中毒者去医院进行洗胃、导泻、灌肠。要注意保存导致中毒的食物，提供给医院检验。如果身边没有食物样本，也可保留患者的呕吐物和排泄物，确定中毒物质对治疗来说是非常重要的。

球场骚乱：大家毫无目的地随人群奔跑，这往往是造成重大伤亡的重要原因。正确方法是尽快逃离人群，若已被卷入人群中，应双手抱胸，两肘朝外，以此姿势来保护肺和心脏不遭挤压。

第6章　大学生生命伦理与健康教育的实施

健康的身体乃是灵魂的客厅，有病的身体则是灵魂的禁闭室。

——培根

意大利教育家蒙台·梭利认为："教育的目的在于帮助生命力正常发展，教育就是助长生命力发展的一切行为，关注人的生命才是教育的本质。"因此，教育应该从生命教育开始，使人尊重生命、珍惜生命、热爱生命，最终培养人文关怀精神、健全的人格品质。同时保持生命的健康，守护生命的安全。对大学生而言，就是珍爱生命，自觉地选择健康的行为和生活方式，以促进身心健康发展，增强社会适应性。

6.1　开设生命与健康教育课程

首先，大学生对生命与健康教育课程有着很强的需求。大部分大学生意识到生命教育的重要作用，期望高校对他们加强生命教育。有学者[1]通过调查发现：在"你所在的学校是否应开展生命教育"的调查中，91%的大学生认为很有必要，仅9%的大学生认为无所

---

[1] 张加明. 高校生命教育现状及有效途径研究［J］. 高教探索，2011(5)：151.

谓，可见加强生命教育已是众多学子的迫切期望。李芳❶等学者以北京地区10所高校的大学生作为调查对象，选取不同生源地、母亲受教育程度不同的学生调查他们参加生命教育课程和活动的意愿。农村学生更愿意参加生命教育课程和活动（93.5%），城市学生为88.9%；母亲受教育程度与学生是否愿意参加生命教育课程和活动基本上成负相关：母亲受教育程度越低，学生参加生命教育课程和活动的意愿越高；母亲受教育程度越高，学生的意愿越低（详见下表）。尽管参加意愿有差别，但是绝大部分大学生还是觉得生命教育课程的开设是非常有必要的。

基本信息		如果学校开展生命教育的课程和活动，您是否愿意参加		
		是	否	
生源地	城市	88.9%	11.1%	
	农村	93.5%	6.5%	
母亲受教育情况	本科及以上	89.2%	10.8%	
	大专	86.5%	13.5%	
	高中（中专）	90.0%	10.0%	
	初中	92.5%	7.5%	
	小学及以下	95.8%	4.2%	

而与之相反的却是许多高校大学生生命教育工作的缺失，在“你所在的学校是否经常开展生命教育”的调查中，58%的大学生认为从来没有，42%的大学生选择偶然会有。“你认为应该采取哪一种方式开展生命教育”，40%的大学生认为应进行有关生命教育的实践活动，10%的大学生认为应举办有关生命教育的讲座，50%的大学生认为应由学校、家庭、社会共同实施生命教育。可见，大学生对

❶ 李芳，等．大学生生死观调查研究及生命教育的思考［J］．中国青年研究，2012（11）：96.

生命教育极度渴求并希望高校能有效开展生命教育。

其次，开设专门的生命教育课即在教学任务中设立生命教育课，可以使学生获得系统的生命知识教育，使学生在掌握生命知识的基础上理解生命及其意义，学会珍惜生命、欣赏生命、体验生命和尊重生命。通过选修和必修相结合，显性课程与隐性课程相结合，不同学科相互渗透的方式，让生命教育走进大学课堂并成为生命教育的主渠道。对学生直接开展有关生命知识的教育，讲解生命教育的目的，教会学生尊重生命、珍惜生命，着重点在于让他们懂得生命的可贵性，引导学生对美好的未来充满期待。这既可以表明高校对生命教育的重视，又可以从时间上保证生命教育不至落空，从而让学生感受到学校对他们生命的关注，使他们从心理上认识到学校对生命教育的重视，也使他们自己更加重视生命教育理论的学习。可惜的是，目前很少有高校开设专门的生命教育课程，这是以后高校生命教育工作中应重点加强的地方。[1]

生命教育主要从心理学、伦理学、社会学等角度开展教育，传授给学生有用的心理知识、伦理规范、交往技巧、应对挫折的策略等，从而使学生善待生命、健康成长。江西师范大学郑晓江教授认为“生命教育与生死哲学”课程内容应由五大板块组成，他的观点对高校生命与健康教育课程内容的设计很有借鉴意义。这五大板块具体包括：①“学会生死”板块。主要内容为：关于生命教育中几个问题的思考；中国传统人生哲学与当代之生死哲学；提升自我素质，获得成功人生；寻求人生的意义与价值，获得工作的成功与生活的快乐；人生选择的方法与技巧；叩问幸福生活；关于青少年自杀及暴力现象之生死哲学的反省。②“学会做人”板块。主要内容

❶ 张加明．高校生命教育现状及有效途径研究［J］．高教探索，2011（5）：151.

为：儒家的“君子”人格；道家的“真人”人格；佛教的“菩萨”人格；“自强不息”与“厚德载物”的自我观；“不以物喜，不以己悲”的顺逆观；“见利思义”的义利观、荣辱观；“己所不欲，勿施于人”的人际观。③“学会生活”板块。主要内容为：解读“生活”，厘清概念；树立自信，学会独立；不患得患失，学会取舍；与人为善，学会宽容；直面挫折，学会坚强；抵御诱惑，学会珍惜；宁静致远，学会感激。④“学会休闲”板块。第一部分是休闲的涵义，包括人们对休闲的种种误解，关于休闲的种种界说，休闲的准确定义，休闲对生命的意义；第二部分是我国休闲现状，包括休闲时间增加，休闲意识增强，休闲方式单调，休闲能力较低；第三部分是如何休闲，包括影响休闲的几个要素以及休闲方式。⑤“学会养生”板块。主要内容为：“我命在我”，夭寿自取；法天则地，起居有时；均衡营养，饮食有节；体疗健身，有氧运动；平和心态，颐养百年；“尊道贵德”，生生不息。根据这样的模块可以开设《哲学与人生》《生死关怀》《道德思考与抉择》《宗教与人生》《生命伦理与健康》《心理健康》等课程，从而形成比较系统完整的内容体系。

再次，利用其他课程载体来实施生命与健康教育也是很好的途径。比如可以挖掘大学语文教学中的生命教育因素，在艺术审美中培养学生善待生命的人文精神，提高群体生命的觉悟性，从而完善大学生素质教育系统，构筑和谐的人格、和谐的社会。此外，也可以把高校思想政治理论课作为大学生生命教育的载体，在教学过程中帮助学生树立正确的世界观、人生观和价值观，培养他们热爱中华民族的情感，确立科学的政治信仰和健康的思想观念。❶

---

❶ 张加明．高校生命教育现状及有效途径研究［J］．高教探索，2011（5）：151.

最后，还可以利用体育课和体育锻炼来实施生命教育。有人通过调查研究发现❶：从锻炼时间上看，大学生生命意义感总体上与每次锻炼时间存在显著正相关，相关系数为0.89。此外，大学生的人际关系、快乐和自我接受维度与生命意义感存在显著正相关，其相关系数分别为0.088、0.115、0.088。从锻炼强度看，大学生生命意义感总体上与锻炼强度存在非常显著的正相关，相关系数为0.167。从锻炼频率上看，大学生生命意义感总体上与锻炼频率存在非常显著的正相关，相关系数为0.195，且生命意义感各维度均与锻炼频率存在非常显著的正相关。概言之，增加体育锻炼时间、强度或频率都可以有效提升大学生的生命意义感水平，尤其是增加锻炼强度和频率。由此可见，增加体育锻炼的频率可以有效提高大学生的生活满意感水平。大学生生命意义感与生活满意感呈正线性关系，即大学生生活满意感水平越高，其生命意义感水平就越高。由此可见，提高大学生生活满意感水平，可以有效改善大学生的生命意义感水平，从而大大减少无聊、寂寞、迷茫等负面心理体验产生，让积极的生活体验充斥人生，当然就能活得阳光和健康了。

6.2　丰富校园文化活动，提高生命与健康意识

第一，高校要在全校范围内大力倡导、宣传、推动生命教育，以多层次、多样化的校园文化营造生命教育的整体环境。通过各种宣传媒介，如黑板报、画廊、宣传板、电子显示屏、校园广播和校园电视台等，加强对大学生的生命教育，尤其是要加强网络宣传教育，让大学生主动参与生命教育活动，使生命教育蔚然成风。当前信息网络对“90后”大学生的学习和生活的影响日益增大，短信、

❶ 刘玲．大学生体育锻炼与生活满意感、生命意义感的相关研究［D］．郑州：郑州大学，2012：45-47.

QQ、飞信、微信和微博等形式已成为“90后”大学生人际交往的主要途径，这也为开展“90后”大学生的生命价值与健康教育拓展了新的工作平台。高校的广大教职员工要熟悉网络传播技术，主动占领网络思想教育阵地，以QQ群、博客、飞信等网络信息平台作为主动与“90后”交流和教育的手段，充分发挥网络的高效便捷功能，使网络成为开展生命与健康教育的重要领域。

第二，开展丰富多彩、积极健康的学术探讨、专题讲座、体育运动和文娱活动，为大学生提供展示生命个体价值的舞台和人际交流的平台，使大学生能享受人生的快乐与满足，促进他们更加热爱生命。其中学校党团组织、学工部门、各个院系和各个班级是活动的组织者和倡导者，但是在生命与健康教育的活动设计中，学校的卫生部门和保卫部门不应该缺席，有关健康、安全教育的活动由这些部门来组织更具有专业水准。

第三，健康知识的普及很有必要。现在很多高校都开设了大学生心理健康教育的课程，这对于生命与健康来讲非常必要，但是生命质量的提升仅靠心理素质的培养是远远不够的，身体是革命的本钱，存在是生命的本质，只有保持生命健康的存在，才能使生命教育有的放矢，才算是生命教育富有成效的标志。一个身体健康的人才能有更多的精力关注心理健康，关注人生意义，关注生命的价值；身心健康的人更容易拥有美满的爱情和幸福的人生。所以说健康知识的普及很有必要。正确认识影响人体健康的各种相关疾病及其诱发因素，学习抵御相关疾病的各种治疗办法，了解预防各种疾病，提高人体活力和营养均衡的保健方法，可以大大增强大学生对疾病防治与自我保健的认识。

具体而言，在新生入学的时候，一般是在学生军训期间，组织一次健康知识讲座，可以保证受教育面达到100%。以后每年根据季节和传染病的发病形势以及不同人群的需要组织相关内容的讲座。

主要内容为艾滋病的预防、传染病和常见病的防治知识、食品卫生安全知识和疫苗接种知识等。在日常生活中，可以倡导和组织大学生开展早读早餐早锻炼活动，提高睡眠质量、提高学习效率、增强心理素质；通过网络、课题调研及志愿者活动，协助社区进行健康宣传等；也可以利用一些健康纪念日，结合世界卫生组织以及国家教育委员会的《大学生健康教育基本要求》制订高校的工作目标和落实任务，进行宣传教育，如利用世界睡眠日、中国脑健康日、艾滋病宣传日、国际禁毒日等进行宣传教育，让大学生通过参加活动了解到：世界各民族人民都在关爱生命、关注健康，我们应该与世界同步，特别要通过营造生存环境、成长环境、学习环境和校园环境，积极引导大学生确立现代健康理念、培养良好的生活习惯和行为方式，纠正其不良的生活习惯和行为方式，以此为契机，进一步促进大学生的身心健康发展，实现高校培养高素质人才的目标。[1]

第四，安全教育也应该是高校生命教育各项活动设计中的应有之义。生命教育最基本的前提和基础就是生命的存在，掌握最基本的自我保护与维持生命安全的技能，是大学生生命教育的重中之重。生命安全教育的最终目标就是要大学生学会最基本的生存自救技能，在遇到危险和灾难时能够及时采取切实有效的自我救护和互助救护。生命安全教育不可能单纯在教室内采用理论教学的方式去进行，就其本身的教育特质而言，要求生命安全教育必须配合实践体验课程。主要教会学生在遭遇人身威胁、火灾、地震、溺水等情况下如何自救，在户外没有援助和生活必需品时如何生存。但是提供实践体验非常必要，让学生将所学的理论付诸实践，在实践参与中贯彻和领悟。

---

[1] 董燕．与高校“三育人”工作相结合的大学生健康教育［J］．教育与职业，2012（23）：172.

6.3 打造社会、家庭和学校联动平台

在构建学校、家庭和社会相互配合的大学生生命与健康教育体系中，学校是大学生生命与健康教育的主阵地，高校应按照大学生生命与健康教育的基本要求，通过开设选修课、讲座及墙报等宣传专栏对大学生进行全面的生命与健康教育，使大学生能以科学的态度和方法来理解和处理生命与健康问题，并且帮助他们建立科学的生命与健康理念。家庭和社会则是大学生生命与健康教育的实习实训基地，通过亲子互动，通过家长的指导和督促，增强大学生珍爱生命、健康生活的意识。大学生生命与健康教育是一个系统工程，需要学校、家庭和社会的相互配合。

国际上的生命与健康教育也都是采取学校、家庭和社会三者相互配合的模式。美国的生命教育得到了政府、社会、家庭和学校的全力支持与配合。美国政府出台了各项有关品格、健康、生计等教育的法律规定，为生命教育的实施提供了法律保障。在制定有关关怀学生的教育计划和政策法规的同时，美国还制定了有关关怀教师的政策法规。美国学校健康教育体系包括学校健康顾问委员会和学校健康教育委员会两大部分，后者是学校各项健康教育工作的执行机构，它负责学校健康教育课程的教学，还从多方面提供各项支持和服务。美国学校健康教育体系由 8 个部分组成，即学校健康服务、学校健康环境、学校健康教育、心理健康顾问和咨询、食品营养服务、体育教育、教职员工健康、家庭与社会的参与。美国还成立了专业协会，出版发行相关的期刊书籍，制订生命教育计划，建立生命教育资源网等。美国的生命教育还得到了家庭、社区和社会各机构的配合。家庭和社区的各种合作活动，校内与校外的互动为生命教育实践提供了广阔天地；美国媒体通过大量的宣传活动告诫青少

年吸毒的危害，增强了青少年的反毒品意识；美国疾病控制和预防中心开展呼吁青少年戒烟运动，减少青少年获取烟草的途径及减少烟草制品对他们的吸引力等。

在干预死亡方面，美国的做法也值得借鉴。美国较早向公众发布了自杀预防的策略，其目的包括预防由于自杀而导致人过早死亡、减少其他自杀行为的比率、减少与自杀行为相关的后果。美国设有自杀预防基金会，该基金会制作一些录像反映抑郁的症状，教学生如何识别自杀行为，以及面对自杀行为如何去干预、介入。在如何防止自杀方面，美国各大学的做法也是不一样的。例如：密歇根大学的一项调查显示，由于学业、经济、交往的压力，多达15%的学生有抑郁的表现，其中10%的大学生在入学前就有。该大学的做法是：对学生的言论进行筛查，对有抑郁表现的学生进行在线监视、开展减压锻炼、组织自杀预防培训。雪城大学除注意观察学生的言论、利用在线监视防止自杀外，还免费开展减压的系列活动。例如：举办一些讲座及开展文体活动，使学生开放胸襟，排减内心的痛苦、抑郁。宾夕法尼亚大学在学生中公开讨论自杀、暴力事件问题，通过讨论使学生理解生命的价值和意义。[1]

对我国而言，构建学生、学校、家庭和社会相互配合的联动平台任重道远。近年来屡屡出现高校学生非正常死亡事例，每次媒体的报道总会激起社会的广泛关注和热议，但是事后似乎又很快归于平淡，社会上缺乏长效的机制和机构来关注大学生非正常死亡问题。当然相应的教育行政部门是有所为的，出台了一些相关的规章制度，但是解决问题的主体还是落在高校，并没有充分调动社会和家庭的力量。而我国高校在这方面显然还没有准备好。首先，不少高校不

[1] 姬咏华，等．美国大学生生命教育的特点及启示［J］．前沿，2010（24）：189.

太重视大学生生命与健康教育，没有哪个具体的机构承担相应的责任，没能把大学生生命与健康教育与高校高素质人才培养目标结合起来，顶多开设选修课，这显然不够。其次，当前的高校没能形成“以学生身心健康发展”为目标的育人理念和工作机制。再次，高校生命与健康教育面临着师资数量不足、质量不高、专业人员缺乏的尴尬。最后，大学生生命与健康教育实践活动的内容和形式不足。针对这些不足，在加强社会、家庭力量的同时，高校作为主体是当仁不让的，高校应该多开展生命与健康教育实践活动，引导大学生参加社团活动，培养其自信心、提高其处理问题及人际交往的能力。高校团委、学生会可以通过生命与健康教育实践活动这个平台，教育引导大学生尊重自己的生命，自觉维护健康，发挥主观能动性，开发潜能，树立正确的人生观，规划职业生涯，提高其社会适应性，以便将来报效父母和社会。[1]

6.4 广泛开展体验式教学

雅斯贝尔斯认为“善与恶只有在人对它的生命意义和自我存在的深切体验中才能区分”。体验是感性体验与理性认知的辩证统一。体验是生命体的过程性展开，凸显生命本体价值，内在地构建生命意义。生命需要体验，个体只有用心体验，才能感受到生命的真实与活力。情感是体验的活动，智慧是体验的发现，感悟是体验的果实。体验生命就是对生命意义的把握，生命意义需要每个人在日常生活中不断地去揭示和体验。生命的意义也在不断的体验中逐渐生成，成为生命自身的一种精神支柱。一个人无论在生活中还是在学习中，只有真切地感到自己为自己做主，从而获得充分的体验，才

---

[1] 董燕．与高校“三育人”工作相结合的大学生健康教育［J］．教育与职业，2012（23）：172.

会感到人生的快乐。离开了体验，人就无法真正地、深刻地理解生命，也就无法去追求生命的意义，实现生命的价值，所以生命范畴并不是从生物学或社会学的角度对生命进行描写概念，而是从体验的角度。所以，真正的生命教育不是单纯的传授知识、教授技能。生命教育的逻辑展开不是理论性的，而是实践性的。

生命与健康教育应围绕大学生在日常生活中遭遇的种种生命事件，引导大学生自行思考、判断和体验；围绕时事和社会关注的热点，如汶川地震、舟曲泥石流、空难等事件，引导大学生掌握保护生命的技巧。生命与健康教育应融入校园文化，发挥文化育人的功能，对学生形成潜移默化的影响，使课堂焕发生命的活力，使班级充满健康的气息，使学校成为生命的家园。[1] 学校可以通过主题论坛、特别演讲、情景模拟等形式有效地开展生命与健康教育，让学生在讨论、思考、体验中认识生活的艰辛、人生之路的坎坷，感受人世间的温暖和生命的无限张力；也可以安排学生参观产房、婴儿室、手术室、临终病房，了解生命的起源，体验生命的喜悦，理解生命的尊严；还可以鼓励学生到养老院、残疾人学校、儿童福利院、戒毒所等地做志愿工作，获得关于人生、生命与价值的深刻认识，从而达到理顺学生生命观的目的。

下面是一个体验式教学的案例，郁闷青年与“失独家庭”的情感互助，以及这个案例引发的思考。

随着社会的快速发展，在这个有些浮躁的时代，因为学业紧张、前途渺茫、生活空虚、感情失落等原因，“郁闷”一词已经成为当代大学生的口头禅。据《南方都市报》报道，目前有40%的大学生用“郁闷”来描述自己的生活状况和心境。有的在郁闷中挣扎，有的在郁闷中奋起，而有的则在郁闷中沉沦了。南京危机干预中心对部分

[1] 王耕．基于拉斯韦尔模式的高校生命教育寻译［J］．当代青年研究，2013（2）：95－96.

高校的调查表明，大学生自杀率约为万分之二，比全国平均自杀率高出一倍。2007年7月，中国保监会主办的“首届校园安全与风险管理论坛”公布，全国每年约有3000名大学生非正常死亡，由于自卑、失恋、受挫等因素而导致的自杀占到了大学生非正常死亡原因的第一位。当然因为各种原因伤人性命或被人剥夺生命的事件在高校也屡有发生。为什么如花般的生命会突然凋零？为什么美好的前程会戛然而止？为了避免这样的事件再次发生，让处于生命困顿、情绪迷茫状态的大学生去体验失去生命、失去亲人的痛苦和悲伤，无疑是帮助大学生释放情绪、转移注意力的很好途径。“为了使孩子变成一个有感情和有恻隐之心的人，就必须使他知道，有一些跟他相同的人也遭受到他曾经遭受过的痛苦，也感受到他曾经感受过的悲哀，而且，还须使他知道其他的人还有另外的痛苦和悲哀，因为现在他也能感觉到这些痛苦和悲哀。”❶ 而我国目前上百万的“失独家庭”正需要这样的情感互助。

在中国，有这样一群父母，他们响应国家号召只生一个孩子，视若珍宝地将孩子抚养大。可是，人到中年、老年之时却要承受意外丧子的痛楚。这群父母组成了让人心酸的“失独家庭”。由于疾病或意外，他们失去了唯一的孩子，原本幸福的家庭一下子跌入痛苦的深渊，他们艰难地“打发”着余生，承受着无法愈合的创伤和难以自拔的悲痛。目前，我国对“失独家庭”还没有进行过详细的官方统计。有学者和研究机构根据国家统计局和卫生部此前发布的一系列统计数据进行了推算：国家统计局发布的数据显示，2011年，全国总人口约为13.39亿人。此前抽样调查又显示，2009年，我国15—19岁人口约占总人口的7.17%，20—24岁人口占7.52%，25—29岁人口占6.48%，三者合计为21.17%。在此基础上，国防大学

❶ 卢梭．爱弥儿（上）［M］．李平沤，译．北京：商务印书馆，2011：306.

刘明福根据军队中独生子女比例估算，我国15—30岁的独生子女总人数至少有1.9亿。另外，根据卫生部发布的《2010年中国卫生统计年鉴》显示，15—30岁年龄段人口的死亡率至少为万分之四。按照这一死亡率推算，目前，我国年龄在15—30岁的独生子女中每年至少有7.6万人亡故，由此带来的是每年至少7.6万个“失独家庭”。[1] 因独生子女亡故而产生的“失独家庭”数量不断增加，估计目前我国“失独家庭”已过百万，相应地，“失独者”人群估计已不下两百万。

百万“失独家庭”，无尽的悲伤，怎样来抚平？《知音》杂志2013年第19期讲述了一个非常感人的故事：一个满心绝望、只求一死的年轻小伙子；一个凄苦、痛心又愧疚的失独父亲。在冷漠而压抑的QQ自杀群里，两人不期而遇。为了拉住这个如儿子一样年轻鲜活的生命，这位丧子父亲向年轻人撒谎称：他的妻子因丧子之痛精神失常，需要有人假冒儿子与她交流，才有可能被唤醒神志。他恳请年轻人假冒他的独生子，陪伴妻子3天。带着这份恳求，年轻小伙子走进了那个失去孩子的家，也走进父亲最深、最真的痛与悟。让父亲和年轻小伙子都没想到的是，这个善良的谎言换来的3天相处，竟然给彼此的命运都带来了转机。小伙子冰封的心复苏了，失去独生子的父亲和母亲也携手走过了人生的劫难，开始了新生活。这个故事让人铭记：用来堆砌痛苦围墙的砖头，也可以铺成通往幸福的阶梯！情感慰藉、情感互助成就了不同的人生。

这样的故事让人很感动，也让人很受触动，我们身边有很多陷入生命困顿和迷茫的大学生。如果有人主动地做起这样的事情：把生命困顿的青年和经历生命痛苦的家庭联系起来，让很多这样的大学生和“失独家庭”把用来堆砌痛苦围墙的砖头，铺成通往幸福的

---

[1] 周静.“失独家庭”，谁来抚平你的伤痛［J］.法律与生活，2012（14）：34.

阶梯，那是一件多么美好的事情！具体而言，要实现这样的情感互助，必须通过如下一些步骤来操作。

首先，搜寻信息。从高校的角度来讲，要充分掌握大学生的思想状态、心理动态。这个需要和班主任、辅导员，还有心理咨询室的工作人员紧密联系，建立学生的心理档案，随时关注，及时更新。从社会角度来讲，高校所在的社区或者街道，密切关注辖区内的“失独家庭”，当然也可以通过网络关注“失独家庭”，总之，要有一个组织掌握“失独家庭”的信息。

其次，建立联系。可以把高校的心理咨询室作为联系的中介。心理咨询室工作人员仔细分类整合大学生的心理问题，区别轻重缓急，做到不放过任何一个有问题的学生。然后，心理咨询室工作人员主动与相关社区和街道联系，了解“失独家庭”情况，拜访“失独家庭”，跟“失独家庭”解释这种情感互助的课题，讨论情感互助的操作方法。在取得“失独家庭”的应允后，从大学生中挑选合适的对象，介绍他们双方互相认识，进而开始情感的交流。

再次，密切关注，及时反馈。心理咨询室工作人员要主动多联系和了解大学生与“失独家庭”互动的情况，一旦有什么不合适，或者调节，或者终止。如果顺利当然皆大欢喜。

最后，传递爱的接力棒。几年之后，大学生毕业了，离开了，心理咨询室工作人员可以考虑让别的学生继续参与，让关爱继续温暖双方的心灵。

这样的情感体验不局限在课堂，不局限在校园，而是真正融入了社会生活。这样的情感体验，也不是一朝一夕就可以完成的，而是持续若干年，在真实的社会环境中，帮助大学生丰富情感，成熟心智。

总之，生命与健康教育无处不在，高校在全员育人、全过程育人、全方位育人的时候要有意识地贯彻生命与健康教育的思想，让珍爱生命、保护健康成为全校师生员工的共识。

附录　大学生的生命感悟

以下这些文字是笔者根据学生写下的生命感悟进行整理而成，关键词是生死、爱情和友情，大学生用他们略显稚嫩的语言谈论生死，憧憬爱情，歌颂友情，读来也许会觉得脉络不够清晰，逻辑不够严谨，认识不够深刻，甚至有些另类。但是，可贵的是，它们是来自大学生的心声。大学生们用真诚的态度，严肃或者诙谐的语言，剖析自己，审视生命和死亡等人生主题。他们在思考，他们在成长，他们在成熟……

生如夏花之灿烂，死如秋叶之静美

生命对于每个人来说只有一次，不能复制，不能逆转，所以弥足珍贵；死亡是每个人的必然归宿，无论是名人大腕，还是草根小民，最后都是化作青烟随风而散，所以对生命的自然终结，我们要淡然。大学生的生命，正值美好的花季，他们对生命有热切的渴望，美好的憧憬。

计算机学院×××认为：生命只有一次，要真实地活着。但现实中活得尽可能的精彩和珍惜生命的人为数不多。在每一次风雨之后，让心灵感受生命拔节的人更是寥寥无几。许多人认为利益财富是最珍贵的，他们用生命换取所谓的财富，把生命耗费在名声、权利或金钱的积蓄上。其实，生命才是珍贵的财富，所有的财富都可以失而复得，唯有生命只有一次。生命对每个人来说并不是永恒的，生命中每一片刻都在朝死亡移动，一天一天、一步一步地接近死亡，这就是人生的真相。既然生命这么来去无常，我们就更应该好好地珍惜它、认识它、利用它、充实它，让我们抓住生命的每一个瞬间，让这无比宝贵的生命散发出真正美丽的光辉，映照出生命真正的价值。人生一场梦，何不让梦境变得多姿多彩呢？死亡这个词对于每个人来说都是恐怖的，每个人都对它避之而唯恐不及。而这两个字也将是我们最终的归宿。每个人生下来就伴随着死亡，每天都在接近死亡。我觉得，死亡并不可怕，或许人们害怕的并不是死亡，而是没有人知道死了之后的世界会是什么样子的。人人都对未知的东西充满一种畏惧感。一般人认为，死亡是最无意义的东西，而且它还吞噬掉了所有的人生意义。但是，人们若明白了人之生必然相伴于死，那么我们在生的过程中就应该去沉思死，去面对死的叩问而让自我的生命获得长足的发展，建立一个健康、正确、有意义的人生观，从而使我们的生活更加有意义、有价值。

生命的意义在于：世界上有不绝的风景，而我们有不老的风景。人生本没有意义，我们要做的就是赋予它一个意义，生命永远把握在你自己手里。我很喜欢这样一段话：有时，我们会觉得生命是一种痛苦的煎熬，当它最充分展示出黑暗、龌龊、卑鄙、虚伪一面的时候；有时，我们会觉得生命是一种快乐的享受，当它最充分地展示出光明、纯洁、崇高、真诚一面的时候。生命似乎永远是这样在两极之间交错延伸的。在它延伸的每一个区段里，似乎总是喜剧与悲剧同生，苦难与幸福共存。曾经看过这样一句话：人生天地间，忽如远行客。对于天地的长久，人的一生很快就过去了，虽然一个人的生命是非常渺小的，但却很珍贵和脆弱，也许下一秒就失去了。

在人的一生漫长岁月中，我们总会遇到各种各样的困难和挫折；在生活中，总是会有一些负面的东西成了压死骆驼的最后一根稻草。

有一些大学生在生活与学习的压力面前轻言放弃，让自己本应美好的青春年华戛然而止，给亲人和朋友带来无尽的痛苦。不过大部分大学生对生活中的压力，对死亡还是有非常正确和理性的看法。经济管理学院×××认为：生命是短暂的，它是一个逐渐完美的生活过程，生命的价值在于创造，在于奉献，生命不完全属于个体，也不属于家庭和朋友，生命是比金钱更为贵重的无价之宝。在我看来这和死亡完全是不相干的两码事。我认为生命是最重要的，什么都可以没有，唯独生命不能没有。我不会设想自己会在什么样的情况下想到死亡，这是在浪费时间，浪费生命。当然这仅是我的个人观点。我要是有这时间，还不如趁早享受生命，曾经有位老师说过，自己的问题没解决，对别人来说就是包袱。不知道是谁说的，可怜之人必有可恨之处。也许我不能说它是对的或是错的，但是在有些时候我是认同的。不爱惜生命的人是自私的，人生而有父母，或有手足，抑或有子女，我们是要为自己而活，但我们不是一个人在生活，不能生活在自我的世界里。

外语学院×××认为：俗话说“好死不如赖活着”。这句话既体现了生命的珍贵，也反映了死亡的可怕。死亡意味着生命的终结，意味着你之前所拥有的一切生活、情感都化为乌有，意味着你失去了对现实世界指手画脚的资格。“死了就什么都没了”，也许你能在一些人的回忆中占据一席之地，但那是有时间限制的，没有人能一辈子记得你，当然除了你的父母之外。有的人认为选择死亡是一种解脱，但是请想一想死亡也就意味着你失去了成功的机会，如果能再坚持一下是否会拥有完全不一样的人生呢？我觉得这种尽管很微小的可能性却是驱使很多人生活下去的动力，正是因为不确定，未来才有了希望。例如为失恋而自杀，我觉得这是一种很愚蠢的行为，失恋只是代表那个人没有发现你的美好，或者你们两个不适合，或者你还没有遇到对的人，我想为失恋而自杀的人很少有人拥有至死不渝的爱情吧，他们大多是被一时的负面感情占据了主导，忽略了生命中曾经得到过的美好回忆，我想如果人死后还有灵魂的话，大多数人都会感到后悔的吧。所以不要让负面情绪占据你的心，多想想生活中的美好，也许你就不会选择死亡，也许你就能拥有未来的可能性。

当然珍视生命、远离死亡仅仅停留在口头是远远不够的，要从生活中的点滴开始，善良待人，尤其是身边那些比较自卑和内向的人。信息管理学院×××说：“我是一个非常自卑的人。无数次感慨上天的不公甚至无数次为此愤怒。我的愿望或者说奢望在别人看来根本不算愿望，普通的可笑。别人根本意识不到这也可以算是愿望。怕被嘲笑、怕被讽刺、怕被排斥，所以尽量掩饰，扮演自己需要扮演的角色。所以看到类似自卑的人选择极端的手段我会懂，会觉得感同身受，所以会理解他们的苦。但是死是一件再普通不过的事情，自己结束自己的生命不算英雄，这不需要任何的勇气。胆小懦弱的人才会选择这条路逃避。自卑也好，痛苦也好，都不是自我放弃的借口。人从出生给家人带来希望与欣喜的那一刻开始就有自己应该履行的责任。仅仅因为自己的内心感受就选择结束生命是十分不负责任的行为，因为他们想象不到这会给爱自己的人造成多么大的伤害。人生不可能一帆风顺，很多事情我们改变不了，但命运是掌握在自己手里的，珍惜每一天，感受每份爱，用乐观的态度和豁达的心去面对每件事才是对自己负责、对家人负责、对生命负责的表现。生命之所以美丽是因为它是独一无二却又多种多样的，怀着感激的心去对待每一个生命，我们会发现生活的美好和生命的奇妙之处。”

计算机学院的×××认为，“背对阴影，才能拥抱阳光”。流水在碰到抵触的地方，才把它的活力释放；历经破茧的痛苦，翩翩起舞的蝴蝶才拥有蓝天的梦想；河蚌历经泥沙的千磨万润，才孕育出珍珠的光彩；锈迹斑斑的钝铁历经烈火的淬炼，才冒出宝剑的寒光；

梅花历经严冬的苦寒，才傲然驾临百花之上！人生是一条漫长的旅途：有平坦的大道，也有崎岖的小路；有灿烂的鲜花，也有密布的荆棘。在这旅途上每个人都会遭受失败。而我始终认为生命的价值就是闯过挫折，冲出坎坷！没有一个人的一生是风平浪静的，在人生的海洋中遨游，不经历风浪怎能有所作为？如果一个人连接受挫折的勇气都没了，他也就失去了生的意义。我们要善待失败。积极的人在每一次忧患中都看到一些机会，而消极的人则在每次机会里都会看到忧患。学会善待挫折，就要换一个角度去看待世界，“横看成岭侧成峰，远近高低各不同”，只有摆脱艰辛，会当凌绝顶，才能看清庐山真面目。建议多看一些好书，开阔视野，懂得道理，让自己的心变得大一些。现在有许多讲如何面对挫折的畅销书，所以别让自己的心那么小，如果他们能够多看一些好书，懂得其中的道理，也许就不会出现那么多人生的悲剧了。死亡是生命的终结。人来世上一次不容易，这么轻易地就让自己从这个世界上消失了，多么可惜！

恋爱很美好，且爱且珍惜

爱情是人世间最美好的情感之一，人皆向往之。可是，爱情可以让人上天堂，也可能让人下地狱。尤其对于年轻的大学生来说，非常想恋爱，可是却不懂得爱，在爱情的天堂和地狱之间徘徊，稍有不慎，就坠入地狱，遍体鳞伤。面对爱情，怎样爱得美好？怎样避免爱得无力，甚至绝望？

理学院的×××给出了答案，他认为：有人说，大学没有谈过恋爱，那你的大学就等于白过了。已经大二下学期的我，却连个爱慕者都没有，不过，我却并不觉得自己失败。我觉得，大学的爱情是十分美好的，但这种美好要建立在顺其自然的那份悠然上。有缘分，自然会遇到，如果是为了谈恋爱而谈恋爱，便是十分无趣了。我们老师曾经说过，所谓的“找对象”的“找”字本身就是语病，因为对象不是找来的，而是靠缘分遇到的。因为这句话，我简直崇拜死了我们老师。恋爱真的是件美好的事，好的恋爱可以让人从中汲取养分，变得成熟，得到成长。但是生活中，却有许多偏激的例子出现，比如一些大学生因为恋爱中出现的问题互相伤害，甚至施暴、自残乃至自杀。尤其是自杀，我认为这是一种极端幼稚和懦弱的行为。一辈子那么长，没有什么过不去的坎，那些在生命之花刚开始绽放就轻易结束自己生命的人，真正是辜负了自己占用的一切资源和爱。我觉得，那些一失恋就一蹶不振甚至寻死觅活的，大都是些被宠坏了的孩子，从小被父母呵护在掌心，没经历过什么挫折，不懂得生活的艰辛，因为一次情场的失意就放弃自己的整个人生。其实，只要坚强些，不要太惯着自己的小情绪，失恋什么的根本不算什么。当时间抚平一切伤痕，你会发现，在你眼前的依然是一片海阔天空。

其实恋爱对于每个人来说都是必经之路，每个人都会经历情感上的问题。早熟一点的人或许从小就饱受感情带来的快乐或者痛苦。上了大学后，人更懂事了，对于爱情又有了新的认识。那么，到底什么是爱情？每个人的爱情都不同，每个年龄段所相信的爱情也都不同。如果你在一生里遇见了你心爱的人，可以说你是幸运的，无论结局怎样，都可以说是幸福的。白头到老，固然很好。如果分手了，或者为爱情而伤心，也是另一种幸福。毕竟你爱过，你为了爱情在落泪，为了爱情在心碎，曾经很浪漫过，两个人可以在冬天的风下疯狂，在夏天的雨下漫步，即使当初的恋人已经远去但恋爱时的浪漫依然在你的心里深藏，这不也是一件很快乐的事情吗？记得一本书中说过，一个人无论她陪你走了多远的路，最终她还是会和你分开的，毕竟很少有一起走到生命终点的人。不但有感情中的离别还有生与死的离别，如果这样想了，你即使分手了，你也不会那么伤心，反而会祝福对方幸福。如果老了，哪天相遇，将会有另一番滋味在心头。

但我一直相信，恋爱不应该成为自卑、失恋、自杀的理由。恋爱应该是美好的，即使两个人有摩擦、有小问题，也应该一起想办法解决，而不应极端地选择自杀或者报复对方。许多人的感情有些扭曲，自己得不到就要毁了他/她，或者因为一次挫败就无法接受而跳河自杀或者割腕自杀。有的人恋爱时为了讨好对方，不惜代价去买昂贵的东西送给对方，我觉得这也扭曲了爱情的美好意义。如果对方因为没有收到昂贵的礼物而不开心或者分手，那么这个伴侣也没有在一起的意义了，不是么？

外语学院的×××也提出了有意思的观点：在当今社会，经济日益发达，人们也越来越现实了，于是便有了“爱情等于面包，没有面包就没有爱情”的观点。对于这个观点我并不否定，但我也不赞同。我认为爱情本来就是一种精神上的享受，是精神上的升华，怎么能在把它放在现实中的物质上去衡量呢？有一场关于爱情的讲座让我印象特别深刻，尤其是其中的那小故事，讲的是校园里“廉价的爱情”——两个人谈恋爱，周末去烈士公园约会，来回共花了4块钱搭公共汽车，中午时买了两个甜蜜面包来充饥花费了4块，再买了一瓶甜蜜矿泉水花了1.5元，参观公园时，拿手机拍了许多记录爱的相片，这次约会总共才花费了9.5元，是不是很廉价，还比不上许多人约会时的车费呢。可是他们的爱情也廉价吗？他们的幸福也廉价吗？他们的快乐也廉价吗？答案无疑是否定的。相反比起那些去什么风景名区，去吃什么大餐，可能他们过得更幸福快乐。爱情并不等同于面包，它比面包可贵多了。也许会有人说，既然你说爱情比面包贵多了，那为什么有那么多情侣因为经济原因而分手？我想说经济不好两个人可以奋斗一起努力。既然世界上有一些人是在老了或残了后努力而获得成功，你一个年轻人，一个正在被爱情滋润的人有什么借口说不行!

在大学期间，我们可能刚刚接触爱情，对爱情还不够了解，有时遇到一份感情就认为是自己的一切，全身心投入而不能自拔。然而，当其离去的时候便觉得生命没有意义，甚至为此放弃自己的生命。我认为这是非常不理智的。我们已经是成年人，应该具有理性的思维。要知道，人就是在体验中一步步成长起来，一点点提高自己的，恋爱是我们成长过程中必不可少的一个阶段。爱情来到我们面前时我们应该勇敢地张开自己的怀抱；但如果这份爱情与我们无缘，我们也应该坦然接受，把它当成自己成长路上的一份经历和课程。在这段经历中除了伤心的事我们还能收获其他东西，比如学会照顾他人，理解他人，宽容他人，这些都证明了我们的成长。作为大学生的我们，正处于从学校逐渐走向社会的蜕变阶段。这个过程就是要把我们的内心历练得足够坚强。可能我们会遇到在考试中屡战屡败的惨状，在求职面试时屡遭回绝的不堪境地，这些也许会让我们对自己失去信心，但是我们不能就这样放弃自己，对生活保有一颗乐观的心，才能为自己另辟蹊径。另一方面，正是由于处于刚刚接触爱情的年龄，处于血气方刚的年龄，有时会有一些情不自禁。这个时候，我们应该学会勇于承担责任，更重要的是要保护自己，不能任由冲动支配我们，这是对自己负责，也是对对方和生命负责。

对于爱情，自动化学院的×××的认识比较深刻：关于恋爱我没有太多的发言权，不过我不会将柏拉图式的爱情推广，这种精神世界的纯正交流或许只有圣人可以做到。但我还是依据自己的理解把恋爱划分成了三个阶段。第一个阶段——初恋。这似乎是每个人最在意的部分。在懵懂的时期经历一场纯真的恋爱，牵手、亲吻都会脸红，甚至可以说都不懂得爱，也许只是单纯的仰慕与喜欢。第二个阶段——我定义为爱恋。经过了青涩的洗礼，每个人都走向了爱恋的阶段。当我们随着时间成长，我们慢慢学会了如何爱另一个人，如何将自己的爱情表现出来，无论是否正确，都想尽力地让对方感受到。开始模仿着大人，模仿着电视剧里的爱情模式，憧憬着和那个人的未来，这时候，你还相信爱情会是天长地久、矢志不渝的，就算那个人是错的。第三个阶段——我认为是成熟。结束了年少的冲动、年少的幻想。我们不再像初恋时那般嘤嘤学语，不再像爱恋阶段那般冲动自我。我们开始学着同现实做朋友，在现实的生活中开始我们实际的爱情。这一阶段不再有相互的束缚，不再有年少时的冲动，有的只是如何将这份爱情长久拥有，不再是一个人的爱情而是两个人的维护。一步步地、坚实地夯实自己的爱情道路。但无论你现在处于哪个阶段，都请你相信，那个真正对的人会和你一起走向你要的矢志不渝。

爱情本是美好的，它带给人希望和动力，但爱情却不是生活的全部，把它看太重会让人心慌，生活中除了爱情还有亲情和友情，把百分百的精力放在爱情那边，必然会导致不平衡而压垮本该阳光的生活；而把它看得太轻又会失去别人的真心，被贴上“不负责任”的标签。所以，在爱情上，我们应把它看做一粒种子，播种它，呵护它，照看它，而在它晒太阳的同时，我们要追求自己的理想，静静等待它自己来破壳发芽，而不是拔苗助长，或置之不理。不过在爱情的道路上遇到一个对的人是很不容易的，不知道要与多少人擦肩而过才能换来一次的相遇，所以如果遇到真心喜欢的人，就请好好珍惜。切勿把爱情当游戏。且行且珍惜。

室友是一辈子的缘分，请珍惜

我国有几千万大学生，能够相互成为室友，真是难得的缘分！这份缘分可能让大家成为一辈子的兄弟姐妹；也有可能让大家心生嫌隙，毕业之后都难说再见。怎样才能拥有兄弟姐妹一样的室友情分？

信息与通信工程学院的×××非常享受良好的室友关系：从我上大学这一年多的时间我深刻地感觉到，舍友真的不是像一般的朋友。处理好了宿舍问题，就像是在长期征战中有了良好的后勤保障，会让你在大学的学习生活中更加快乐和安心。因为在你每天上课累了之后，你可以想着回宿舍跟他们开个玩笑；在你过生日的时候可以请他们出去一起疯；在有世界杯比赛的时候，可以一个宿舍熬夜一起看直播，等等，我根本就说不过来。我不止听一个大人说过，他们最快乐的时光就是住集体宿舍的时光，你出去吃饭几乎全宿舍的人让你带饭，你买的零食会在你出去上个厕所的功夫被他们消灭。打在一起，骂在一起。我觉得这才叫青春。上了大学，学会处理好舍友关系是我们要面临的第一门必修课，而且必须100分通过。“又换了”“好不好看啊？”“照片吗？”这基本上是在每个宿舍晚上熄灯后必聊的话题。男生宿舍谈女神，女生宿舍谈男神，这是我们上了大学荷尔蒙分泌旺盛的必然现象。舍友是大学生活中最重要的一部分，每天都生活在一起，难免有一些磕磕碰碰。我们都应该以一颗宽容之心来对待舍友。互相关爱，互相关心，互相帮助，这是我们应该做的。互相开点玩笑，都是很正常的事，我们不应该记仇，凡事都应该看得开，退一步海阔天空。跟舍友搞好关系，可以对生活有些新认识，对生活的理解也可以更加深刻。关系好了的话，对未来的路都会有帮助，他们都是我们的好朋友，是我们一生的财富。

在学生阶段，尤其在大学阶段，和你形影不离，和你关系最好的就是你的舍友了。大家一起疯玩儿，一起讨论未来，一起大吃大喝，一起畅聊情感。当然，并不是所有人都能合群，有些宿舍干啥都一起来，有些三三两两，也有些人可能因为性格上或者一些其他原因情愿做“独行侠”。我想，作为四年都朝夕相处的同学来说，没有人是被别人主动排斥的。在我们学校经常能看到这样一幕：男生公寓楼有一个行动不便的学生，每天行动只能靠一辆电动轮椅，他出门都有朋友陪同，偶尔他也会一个人按部就班地完成自己的活动。我想，并不是因为他的行动无法像正常人一样方便才有朋友来帮助他，恰恰相反，正是因为他的乐观、不屈不挠、乐于融入集体，且不去依赖别人才能让别人钦佩，让别人乐于和他在一起。反观一些学生，行为古怪，不善言谈，不爱分享，城府极深，给人一种望而却步的感觉，更有的人几乎一整天都不在宿舍。因此，他们很难融入集体，他们与其他人之间容易产生隔阂。

其实维系良好舍友关系的条件就是沟通与交流。沟通可以使舍友之间更加了解彼此，虽然有的人以学习为主，认为与舍友交流是没有必要的，但是我们将与舍友度过四年的时间，每天都要见面，如果只是当成陌生人，自己也会感到孤独和孤立，长远来说，对于自己本身的交际能力也会产生影响。从舍友的角度来说，他们也会有不满，认为你难以接近，对你也不会抱有宽容的态度，即使你做了一件很小的错事也有可能引起他们强烈的反感等负面情绪。人们对于自己亲近的人往往会很宽容，即使发生冲突，交流过后也能很快原谅别人，但是对于不亲近的人，人往往会变得苛刻，即使是很小的事也会引起严重的谴责，即使不当面说，但是在心里肯定会存在不满，当这种不满累积到一定程度，一旦有一个导火索就会爆发，引发出人性中的黑暗面，最终导致悲剧的发生。复旦大学投毒案的起因一部分是因为人的嫉妒心，另一部分也是因为沟通的缺失。

公共管理与传媒学院的×××认为：或许我们在大学里没有找到恋人，但是我们都拥有同样重要、陪伴至少4年的伙伴——室友。室友可以说也是人生中必有的伴侣，跟他们相处让我们慢慢学会如何维持人与人的长期交往。或许你有许多好朋友，但都不曾住在一起，他们不知道你的陋习，你也只看得到他们美好的一面，这些都是不真实的。只有每天都住在一起，朝夕相对，才能认识真实的他们。和室友或许有一些摩擦，但也正是这样才让我们成长，让我们初步认识到社会的复杂。对于有室友的人来说，或许宿舍就是你经历的第一个社会。对待室友，要宽宏，要大量，要包容，要理解。我相信，有付出才有回报，有时候或许吃点亏，但是没关系，你做了什么总会有人看得到。

中国约有2400万名，室友之间的恶性案件只有几件，也就是概率小于千万分之一，那就是极小的小概率事件，所以，我愿意相信我的室友都是“中国好室友”。不过，不能因为概率小就忽视这些问题，我们也同样不能逃避。其实，很多室友之间，即使没有到动刀的份上也不和睦，这也是隐患。其实我们都明白，那些畸形的事件都是整个社会巨大的压力造成的，包括自杀的事件，都是社会发展的牺牲品，我们看到只能说一句无奈。但我们可以从自身做起，先改变自身，其实每个人都承受着一样的压力，可有的人就挺得住有的人就不行，说明我们不能改变压力存在的事实，但我们可以自己掌控是什么样的路。我自己本身就算是个乐观的人，我认为很多事，笑一笑就过去了。当你笑了，你就选对方向，远离了恶魔的蛊惑。我们先做“中国好室友”，每个人都先做好，自然大家都和睦了。不过，在做好自身的时候，我们应该小心，他人的反应，本来从他人的角度思考就是好习惯，如今，更是不得不防。保护自己不代表对世界失去信任。

信息管理学院的×××认为造成大学生宿舍关系恶劣的诱因有许多，比如文化和生活习惯冲突。大学和中学不同，学生来自五湖四海，也带来各自的文化、生活习惯、行为和价值观。一些学生缺乏包容别人生活习惯的大度，互相之间就容易产生矛盾。独生子女常因小事引发矛盾。不论南方还是北方，学生们都感觉到个人的独立空间变小甚至没有了。人均享有的空间面积缩小，寝室的卫生、电力、热水问题都有一个适应和分享的过程。然而，大部分学生以前在家里没有接受相关的训练，也没有经验和意识，于是遇上分工轮流打扫卫生时要么不愿意，要么很勉强，这些看似细小的生活琐事，却很容易积累成矛盾。大家同住一个屋檐下，发生一些摩擦也不可避免，双方都退让些，完全可以避免不愉快的发生。还有一些学生会把负面的情绪压在心里，表面上显得与室友很和谐，其实已经产生了情绪债务，一份又一份地不断积累，总有爆发的一天。很不舒服的时候，可以到心理咨询中心寻求帮助。在老师的指导，压力得到释放。其实并不是这样，反而是自己主观误读了别人的行为习惯。其实，很多事情是要看自己怎样去平衡，怎么去看待。在我看来，我们应该热爱生命，敬畏生命，不要随意虐待和伤害生命，与所有生灵和谐相处，如此，我们将会有美好生命、美好前程。

在微博上看到过这样一段文字“从生到死有多远？呼吸之间。从迷到悟有多远？一念之间。从爱到恨有多远？无常之间。从你到我有多远？善解之间。”回想一下复旦大学投毒案，仅仅因为室友间关系不和谐最后造成黄洋、林森浩两人失去了年轻的生命，实在让世人震惊！如果他们早看到上面的文字，他们是否会放下心中扭曲的想法？复旦投毒案事件值得我们大学生反思，从宿舍到班级，我们生活在一个集体环境下。尤其是宿舍间的成员，每日更是接触颇多，产生摩擦在所难免。但是室友间的小误会、小埋怨以及不开心的事值得我们因此产生恨意吗？不！我们每个人都应该怀有一颗善解之心，对待室友像对待好朋友一样，互帮互助、团结友爱。林森浩的做法忽视了生命的宝贵，轻视了生命的脆弱。“从生到死有多远？呼吸之间。”生时的你有梦想有感受，可以体会生活的美好。死时却是灰飞烟灭，所有的一切都化为了乌有。

总之，室友是大学生每天接触最多的人，陪着彼此一起度过了无数的时光。要发自内心地爱室友，关心她（他）们、爱护她

（他）们、体谅她（他）们、包容她（他）们。2014 年 9 月 26 日光明网通过走访调查发布了“大学好室友十大标准”。采访中，记者先后搜集了 19 条好室友的标准，并将这些标准列入问卷调查，供参与调查者进行选择。最终，“宽容待人，易相处，不斤斤计较”“性格开朗”“心系他人，不扰乱其他人正常生活”这 3 条标准位列前三。此外，“讲卫生，爱干净；讲义气，很仗义；尊重室友意见；学习好能带动寝室其他人；与室友荣辱与共，相互帮助；在生活中能大度包容室友的过失；作息时间规律”进入此次问卷调查好室友标准前 10。有意思的是“学习好能带动寝室其他人”的标准得票不高，与位列榜首的两条比，该条标准得票率仅有 47.41%。有大学生认为“室友之间相处，需要的是相互包容、理解，需要大家自律，保持健康心态。至于学习好的标准，其实并不重要，毕竟学习是每个人的事情，寝室有学霸，可能会使得整个寝室学习氛围更浓，但不一定能对寝室和睦起决定性作用。”

参考文献

［1］辞海［M］. 上海：上海辞书出版社，1999.

［2］恩格斯. 自然辩证法［M］. 北京：人民出版社，1971.

［3］冯建军. 简论学校教育中的生命关怀［J］. 教育评论，2003（2）.

［4］马克思，恩格斯. 马克思恩格斯全集［M］. 北京：人民出版社，1979.

［5］刘学礼. 生命科学的伦理困惑［M］. 上海：上海科学技术出版社，2001.

［6］徐宗良，等. 生命伦理学理论与实践探索［M］. 上海：上海人民出版社，2002

［7］杰·唐纳·华特士·生命教育——与孩子一同迎向人生挑战［M］. 林莺，译. 成都：四川大学出版社，2006.

［8］沈琪芳，等. 教师生命教育 7 讲［M］. 上海：华东师范大学出版社，2012.

［9］沈铭贤. 生命伦理学［M］. 北京：高等教育出版社，2003.

［10］雅斯贝尔斯. 什么是教育［M］. 邹进，译. 北京：生活·读书·新知三联书店，1991.

［11］高清海. 人就是“人”［M］. 沈阳：辽宁人民出版社，2001.

［12］林治平．中原大学宗教学术研讨会论文集（一）［M］．台湾：台湾宇宙光出版社，2000.

［13］潘玉芹．当代大学生生命道德教育研究［D］．南京：南京林业大学，2007.

［14］冯建军．道德的生命性欲生命化道德教育——基于尼采道德哲学的启示［J］．美中教育评论，2006（2）．

［15］刘志军．生命的律动：生命教育实践探索［M］．北京：中国社会科学出版社，2004.

［16］卡希尔．人论［M］．甘阳，译．上海：上海译文出版社，1985.

［17］刘海虎．阳光下盛开的玫瑰［M］．上海：中国福利会出版社，2005.

［8］马克思，恩格斯．马克思恩格斯选集：第1卷［M］．北京：人民出版社，1995.

［19］唐纳德·奥斯特．自然的经济体系——生态思想史［M］．北京：商务印书馆，1999.

［20］马克思，恩格斯．马克思恩格斯选集：第4卷［M］．北京：人民出版社，1995.

［21］色诺芬．回忆苏格拉底［M］．吴永泉，译．北京：商务印书馆，1984.

［22］叔本华．作为意志和表象的世界［M］．石冲白，译．北京：商务印书馆．

［23］威尔·杜兰特．探索的思想［M］．朱安等，译．北京：文化艺术出版社．

［24］阿尔贝特·史怀泽．敬畏生命［M］．陈泽环，译．上海：上海社会科学出版社，1992.

［25］刘永利．马克思主义生命观及其当代意蕴研究［D］．衡

阳：南华大学，2012.

［26］吴仁英．台湾地区大学生命教育课程的实施特色及启示［J］．山东师范大学学报（人文社会科学版），2011，56（3）．

［27］王燕．当代大学生责任观的调查报告［J］．青年研究，2003（1）．

［28］王先谦．集解卷二，大宗师第六［M］．北京：中华书局，1999.

［29］刘恩允，等．大学生生命教育研究［M］．北京：中国社会科学出版社，2012.

［30］马克思，恩格斯．马克思恩格斯全集：第 46 卷上［M］．北京：人民出版社，1979.

［31］马克思，恩格斯．马克思恩格斯全集：第 3 卷［M］．北京：人民出版社，1979.

［32］马克思，恩格斯．马克思恩格斯全集：46 卷下［M］．北京：人民出版社，1980.

［33］庞世伟．论“完整的人”——马克思人学生成论研究［M］．北京：中央编译出版社，2009.

［34］周静．“失独家庭”，谁来抚平你的伤痛［J］．法律与生活，2012（14）．

［35］马克思，恩格斯．马克思恩格斯全集：第 1 卷［M］．北京：人民出版社，1972.

［36］马克思．1844 年经济学哲学手稿［M］．北京：人民出版社，1985.

［37］徐秉国．英国的生命教育及其启示［J］．教育科学，2006（8）．

［38］马珺．大学生生命教育的现状与对策探析［J］．卫生职业教育，2013（5）．

［39］王满良．构建高校辅导员对大学生自杀的干预机制［J］．黑龙江科技信息，2011（26）．

［40］任滨海．广州市某高校大学生自杀意念状况调查［J］．潍坊教育学院学报，2011（3）．

［41］马克思，恩格斯．马克思恩格斯选集：第3卷［M］．北京：人民出版社，1995.

［42］黄楠森．人学原理［M］．南宁：广西人民出版社，2000.

［43］马克思，恩格斯．马克思恩格斯全集：第1卷［M］．北京：人民出版社，1995.

［44］周立群，张莉，王荔．由大学生自杀谈心理健康教育视野下的生命教育［M］//二十年“心”之探索——高校心理健康教育理论与方法研究，北京：北京师范大学出版社，2010.

［45］赵宝．大学生生命教育内涵探析［J］．青少年研究，2009（3）．

［46］雇中平，刘朝晖．挑战与应答——20世纪的教育目的观［M］．济南：山东教育出版社，1995.

［47］乔丹，杨淑珍．当前大学生生命教育现状探究与思考［J］．思想政治教育研究，2008（2）．

［48］欧巧云．当代大学生生命教育研究［M］．北京：知识产权出版社，2008.

［49］杨叔子．高等教育的五“重”五“轻”［N］．中华读书报，2002-10-09.

［50］姬咏华，杜咏梅．美国大学生生命教育的特点及启示［J］．前沿，2010（24）．

［51］云清，朱翠英．生命：国内外生命教育研究及其对我国的启示［J］．教育教学论坛，2012（8）．

[52] 何喜刚．新时期大学生生命教育论 [J]．卫生职业教育，2011，29 (17)．

[53] 刘济良．论香港的生命教育 [J]．江西教育科研，2000 (12)．

[54] 台湾学者谈生命教育 [J]．福建论坛（社科教育版），2005 (9)．

[55] 张华，张宗新．台湾学校生命教育及其对大陆高校生命教育的启示 [J]．山东省青年管理干部学院学报，2009 (6)．

[56] 陆有铨．躁动的百年——20 世纪的教育历程 [M]．济南：山东教育出版社，1997.

[57] 联合国教科文组织．学会生存——教育世界的今天和明天 [M]．北京：教育科学出版社，1996.

[58] 武晓婕．教育本真的探寻与复位——基于生命教育的视角 [J]．继续教育研究，2013 (4)．

[59] 杰弗里·阿内特．青少年心理学 [M]．段鑫星，等，译．北京：中国人民大学出版社，2009.

[60] 颜氏家训 [M]．北京：燕山出版社，1997.

[61] 盛华中．中华传世绝学·古训绝学 [M]．济南：济南出版社，2002.

[62] 林碧英．家庭教育研究 [M]．南昌：江西高校出版社，2004.

[63] 李开复．做最好的自己 [M]．北京：人民出版社，2005.

[64] 栗红霞．大学生思想状况调查分析与对策 [J]．党史文苑，2010 (1)．

[65] 卢梭．爱弥儿（上）[M]．李平沤，译．北京：商务印书馆，2011.

［66］孙莹．家庭生命价值观教育与大学生生命价值观的相关研究［D］．重庆：西南大学，2007.

［67］王彬彬．独自与驳诘［M］．天津：百花文艺出版社，1999.

［68］张正明．现当代人类的生存状态与人性批判［J］．云南社会科学，2002（4）．

［69］何仁富．大学生生命教育论［M］．北京：中国广播电视出版社，2010.

［70］刘济良．论我国的青少年价值观教育［M］．广州：广东教育出版社，2003.

［71］“死活读不下去排行榜”哪些书“不幸”跻身前 10 名．人民网，2013－06－25.

［72］张卫宇．生命教育理念下高校人才培养的新思考［J］．继续教育研究，2011（12）．

［73］王北生，等．生命的畅想——生命教育视域拓展［M］．北京：中国社会科学出版社，2004.

［74］谭鑫田，等．西方哲学词典［M］．济南：山东人民出版社，1992.

［75］吴式颖，任钟印．外国教育思想通史：第十卷［M］．长沙：湖南教育出版社，2002.

［76］程新宇．试析生命神圣论［J］．医学与社会，2003（2）．

［77］姚冬梅．论生活的意义与德育的使命［J］．思想政治教育研究，2010（2）．

［78］廖盖隆，等．马克思主义百科要览［M］．北京：人民日报出版社，1993.

［79］王耕．基于拉斯韦尔模式的高校生命教育寻译［J］．当

代青年研究，2013（2）.

［80］弗兰克·戈尔布．第三思潮：马斯洛心理学［M］．吕明，陈红雯，译．上海：上海译文出版社，1987.

［81］乔斯·E. 萨利斯伯雷．教会的拉丁博士们论性的问题［J］．中世纪史杂志，1986（12）.

［82］闵乐夫．大师谈早恋与性教育［M］．重庆：西南师范大学出版社，2009.

［83］刘震祺，等．大学生性道德教育现状研究——以贵州省大学生为例［J］．中国性科学，2011，20（7）.

［84］周远忠，熊承良，等．中国未婚大学生性行为和避孕节育现状与需求现况调查［J］．华中科技大学学报（医学版），2009（5）.

［85］和红，等．高校大学生婚育观念及生殖健康服务需求——基于北京 29 所高校的抽样调查［J］．中国性科学，2010（10）.

［86］王鸿祥，等．上海市大学生生殖健康现状调查与教学研究［J］．生殖与避孕，2010（11）.

［87］单树萍．性道德教育——当代德育教育的新内容［J］．中国性科学，2007（12）.

［88］刘浩．当代高校青年学生对性道德观思想解放的误读［J］．长春工业大学学报（高教研究版），2013（4）.

［89］陈胜湘．大学生生殖医学与性教育读本［M］．长沙：湖南科学技术出版社，2010.

［90］陶芳标，等．青春发动时相提前与青少年性及生殖健康服务［J］．计划生育杂志，2010（06）.

［91］姬春，李新辉．国内外城市社区健康教育与健康促进的现状与展望［J］．护理研究，2006（11）.

［92］卢杰．美国生命教育理念与方法的启示［J］．山东省团

校学报，2009（5）.

［93］李淼晶，牛志敏，许岩丽，等．高校社区实施大学生健康管理的研究［J］．中国高等医学教育，2009（6）.

［94］陈爱莉．当前我国高校女大学生体质健康的现状与分析［J］．中国市场，2013（45）.

［95］卫生部妇幼保健与社区卫生司，中国健康教育中心（卫生部新闻宣传中心）．首次中国居民健康素养调查报告［R］．北京：卫生部，2009.

［96］陈晖，等．浙江省杭州市某高校大学生健康素养现状分析及对策［J］．中国健康教育，2011（12）.

［97］刘衔华，等．“90 后”大学生的健康危险行为状况调查［J］．大家健康，2012（6）.

［98］王跃．大学生肥胖检出率与体育能力和身体素质关系研究［J］．河南教育学院学报（自然科学版），2002（1）.

［99］王建雄．大学生肥胖检出率以及肥胖对大学生体质的影响［J］．天津体院学院，1996（4）.

［100］徐静，宁艳花．某医学院校女大学生对肥胖的认知及减肥行为的现状调查［J］．哈尔滨医药，2013（5）.

［101］高德顺，陈海涛，丁洪祥．关于青春期女大学生减肥的调查研究［J］．中国体育科技，2002，38（6）.

［102］孙金蓉，苏红鹏．女大学生瘦身行为与认知现状的调查［J］．体育学刊，2005，12（5）.

［103］荣湘江，孙绪生，杨霞．体育康复运动处方医务监督［J］．南宁：广西师范大学出版社，2000.

［104］马兴友．邢台市女大学生膳食与肥胖认知状况调查［J］．中国学校卫生，2010，31（1）.

［105］张以绪．药能治病也能致命——浅谈药物滥用现象［J］.

中国中医药报，2005（09）.

［106］国家禁毒委.2012年中国禁毒报告［EB/OL］. 北京禁毒在线，2012－08－09.

［107］中国国家禁毒委员会办公室.2011年中国禁毒报告［R］. http：//Zmps. gov. cn/n16/n80209/n8048/n804535/2804926. html.

［108］叶郁辉，贾少微. 国内外学校禁毒健康教育现状［J］. 中国健康教育，2005（6）.

［119］许书萍. 高校毒品预防教育的对策——基于大学生毒品认知及易染原因的调查［J］. 青少年犯罪问题，2013（6）.

［110］陆卫群等. 在校大学生婚前性行为及避孕行为研究［J］. 生殖与避孕，2006，26（7）.

［111］黄晓丽等. 高校学生易导致意外怀孕和性传播疾病的健康危险行为现况研究［J］. 现代预防医学，2013（9）.

［112］尤琪等. 大学生性知识和性行为调查分析［J］. 现代生物医学进展，2010（11）.

［113］DENNIS SALEEBEY. 优势视角——社会工作实践的新模式［M］. 李亚文，等译. 上海：华东理工大学出版社，2004.

［114］龚文娟. 对大学生网络成瘾症的社会心理学理论解释［J］. 社会心理科学，2005（1）.

［115］中国互联网信息中心. 中国互联网络发展状况统计报告［R］. 北京：2012.

［116］中国青少年上网行为调查报告［R］. 中国互联网络信息中心，2011.

［117］中国青少年网络协会.2009青少年网瘾调查报告［R］. 北京：2010.

［118］杨维东. “90后”大学生的网络媒介素养与价值取向［J］. 重庆社会科学，2013（4）：.

[119] 皮朝纲．审美与生存［M］．成都：巴蜀书社，1999.

[120] 陈庆文等．论网络游戏影响下的青少年犯罪及矫正对策［J］．金卡工程·经济与法，2010.

[121] 徐久生．校园暴力研究［M］．北京：中国方正出版社，2004.

[122] 卡尔·雅斯贝尔斯．时代的精神状况［M］．王德峰，译．上海：上海译文出版社，1997.

[123] 唐឵皋．科技属于人民［M］．北京：中国人民大学出版社，2001.

[124] E. 弗洛姆．健全的社会［M］．孙恺详，译．贵阳：贵州人民出版社，1994.

[125] 张华．“90 后”大学生整形扎堆在暑假［N］．羊城晚报，2013-07-02.

[126] 郭新辉，等．大学生整形美容现状与对策［J］．中国卫生产业，2011（24）．

[127] 董燕．与高校“三育人”工作相结合的大学生健康教育［J］．教育与职业，2012（23）．

[128] 刘伟．理性与感性的撞击——女大学生美容消费行为特点及心理分析［J］．消费导刊，2009（10）．

[129] 陈忠华．脑死亡——现代死亡学［M］．北京：科学出版社，2004：序言．

[130] 宋绍龙．当代大学生非正常死亡事后危机干预研究［D］．太原：太原科技大学，2012.

[131] 姜微微．高校非正常死亡现象引发的大学生生命教育思考［J］．长春教育学院学报，2011，21（1）．

[132] 余虹，等．大学生自杀问题研究综述［J］．山东青年政治学院学报，2011（6）．

［133］陈奕杉．浅析当代大学犯罪现象——以中国高校教育模式为视角［EB/OL］．http：//court. gmw. cn/html/article/201208/29/102260. shtml.

［134］傅洋．近2万名学生去年非正常死亡校方赔付近1亿［N］．北京晚报，2007－07－05.

［135］师艳荣．战后日本人自杀行为分析［J］．东北亚论坛，2009，9，1（5）．

［136］翟书涛．选择死亡——自杀现象及自杀心理透视［M］．北京：北京出版社，2001.

［137］马喜亭．大学生非正常死亡与干预策略研究［J］．中国青年政治学院学报，2012（1）．

［138］柴志明，等．大学生生命教育论［M］．北京：中国广播电视出版社，2010.

［139］吴舸．大学生生命教育［J］．重庆大学学报，2013（3）．

［140］郑晓江．生命教育讲演录［M］．南昌：江西人民出版社，2008.

［141］海德格尔．存在与时间［M］．陈嘉映，王庆节，译．北京：生活·读书·新知三联书店，2005.

［142］EVA SHAW. What to do when a loved one dies［M］. Writeriffic Publishing Group，2005.

［143］别尔嘉耶夫．论人的使命［M］．张百春，译．上海：学林出版社，2000.

［144］李丹等．对当前大学生生命观教育的调查与分析［J］．武汉纺织大学学报，2011（1）．

［145］李丹．当前大学生生命观教育研究［D］．武汉：武汉工程大学，2012.

［146］张骞．当代大学生挫折教育及对策探析［J］．思想理论教育导刊，2009（10）．

［147］费尔巴哈．费尔巴哈哲学著作选［M］．北京：商务印书馆，1984.

［148］周国平．人文讲演录之论幸福［M］．上海：上海文艺出版社，2006.

［149］李焰，等．大学生幸福感及其影响因素的研究［J］．清华大学教育研究，2005（S1）．

［150］张加明．高校生命教育现状及有效途径研究［J］．高教探索，2011（5）．

［151］李芳，等．大学生生死观调查研究及生命教育的思考［J］．中国青年研究，2012（11）．

［152］刘玲．大学生体育锻炼与生活满意感、生命意义感的相关研究［D］．郑州：郑州大学，2012.

［153］胡坚达．大学生性心理和性教育研究［J］．宁波大学学报（教育科学版），2003（10）：94.

［154］王进鑫，等．2000年中国大学生性生理调查［J］．中国学校卫生，2002（6）：518.

［155］TAYLOR S. E.，PEPLAU L. A.，等．Social Psychology［M］．北京：北京大学出版社，2004：350.

［156］谭潇潇，等．大学生性别认同调查与教育对策［J］．湖北职业技术学院学报，2007（3）：37.

［157］琳达·布兰农．性别：心理学视角［M］．北京：北京大学出版社，2005：153－155.

［158］潘绥铭．性爱十年：全国大学生性行为的追踪调查［M］．北京：社会科学文献出版社，2004：167.

［159］李蓓．谈“禁婚令”解除后高校大学生婚恋管理和教育

[J]．法制与社会，2011（10 上）：205.

［160］张艳．安乐死与人的尊严［D］．沈阳：辽宁师范大学，2009.

［161］郭自力．论器官移植的法律问题［J］．中外法学，1998（5）：100.

［162］胡飒．新时期思想政治教育基本经验论［M］．知识产权出版社，2012.

［163］胡飒．论翻转课堂模式下的学习变革及其他［M］//艾四林．MOOC 与高校思想政治理论课教育教学创新，北京：北京大学出版社，2014.

后　记

寒来暑往，几经蹉跎，《大学生生命伦理与健康教育》一书终于要出版了！本书是笔者多年来教学经验的总结和提高，也是对当前大学生生命伦理与健康教育的回应和思考。

本书的出版得到了教育部人文社会科学研究专项任务项目（项目编号：13JD710028）和北京市属高校人才强教计划中青年骨干项目（项目编号：PHR201108255）的资助，在此表示感谢！

在本书的写作过程中，笔者参考借鉴了一些专家学者的研究成果，对于引用的观点、数据等，笔者尽量在行文中予以注明，并在书末列出了主要参考文献，但疏漏之处仍然难免，对此，深表歉意，并对这些专家学者表示感谢！感谢陈胜湘、单树萍等学者关于生命现象的专业阐释和深入研究对笔者的帮助和启发！

感谢知识产权出版社的领导和责任编辑张水华女士。他们严谨、认真和负责的工作使得本书得以顺利出版。

最后，由于笔者学识水平所限，书中难免有疏忽和错漏之处，因此，希望得到专家学者和读者的指教，帮助笔者进步！

作者

2015 年 3 月北京